Vernunftige Und Christliche Gedancken Uber Die Vampirs Oder Bluhtsaugende Todten

Johann Christoph Harenberg

Vernünftige und Christliche Gedancken Uber die VAMPIRS Oder Bluhtsaugende Todten,

So unter den Türcken und auf den Gräntzen des Servien-Landes den lebenden Menschen und Viehe das Bluht aussaugen sollen,

Begleitet mit allerley theologischen, philosophischen und historischen aus dem Reiche der Geister hergeholten Anmerckungen

Und entworfen Von

Johann Christoph Harenberg,
Rect. der Stifts-Schule zu Gandersheim.

Wolffenbüttel 1733.
Zu finden bey Johann Christoph Meißner.

Dem
Hochwohlgebohrnen Herrn
HERRN
Johann Anton
von Kroll,
Höchstbetrauten Oberhof-Meister
Bey der
Hochwürdigsten Durchl.
FRAU,
Elisabet Ernestine
Antoinette,
Abtißin des Käyserlichen und
des heiligen Römischen Reichs frey-
en weltlichen Stifts Gandersheim,
Hertzogin zu Sachsen 2c.
Seinem grossen Patron und gnädi-
gen Gönner,
Wünschet aus der Fülle JEsu ein höchst-
gesegnetes neues Jahr, und alles hochgedeiliche
Wohlergehen an Seele und Leibe
Der unterthänige Verfasser.

Vorrede
An den vernünfftigen und Christlichen Leser.

ES trat zu Anfange dieses Jahrs derjenige Bericht aus Servien ans Licht, welchen ich §. 2. beygebracht habe. Die wöchentlichen Zeitungē erwehnten auch zu einigen mahlen der Blutsaugers oder Vampirs. Aus der Erzählung stund so viel abzunehmen, daß an den türckischen Grentzen der gemeine Wahn unter dem Volcke im schwange gehe, daß einige abgestorbene Menschen, so albereits begraben worden, des Nachts die Lebendigen beschweren, ihnen die Lufft-Röhre zusammen ziehen und auf der Brust das Bluht aussaugen. Die Umstände zeigen zugleich, daß diejenigen, so über dergleichen Erwürgung und Aussaugung klagen, niemand in sichtbarer Gestalt gesehen, von dem sie dergleichen Ungemach erlitten hätten. Vielmehr lehret die Erfahrung, daß die beängsteten in einer Kranckheit stecken, so den Uhrsachen, wodurch sich ein Stichfluß eräuget, gar änglich scheinet. Der Anfang des Ubels hat sich von dem Fleische der Hamel oder Schaffe angesponnen. Man komt daher von selbsten auf die Muhtmassung, daß eine ansteckende Seuche, wodurch das Bluht beklemmet und die Phantasey in Unordnung gebracht wird, die Uhrsache solches Ubels sey. Wenn nun das verdickte Geblühte bey Leuten, so ohnedem sich an den häuffigen Gebrauch des Opii gewehnet haben, von aussen keine Ausdünstung und Gemeinschafft mit der Lufft hat, und die Persohnen in solchem Zustande sticken, auch hurtig begraben werden; so läst sich leichtlich begreiffen, warum sie langsam verwesen, und zwar in einem Lande, wo man unter der Erde allerley Es-wahren und Geträncke auf eine lange Zeit vor der Fäulniß und Verwesung verwahren kan. Wenn nun das Geblühte seine ausdehnende Krafft annoch eine gute Zeit behält, weil keine Lufft von aussen hinzukomt und die Schweislöcher albereits in der Kranckheit zugeschlossen gewesen;

so kan man leichtlich erachten, daß das leimigte und stockende Bluht nach und nach in eine gelinde Gährung unter der Erde kommen, und sich dadurch mit einer mehrern Flüßigkeit ausbreiten müsse. Diejenige aber, welche in solchen Umständen des Geblühts nicht verstorben sind, sind auch der Verwesung eher fähig, wie sich auch solches in der That also befunden hat. Es giebt an jeden Orten annoch viele überbliebene Reste von alten und fortgepflantzten leeren Meinungen. Unter dieselbe ist ausser Zweifel auch das gemeine Gerüchte zu rechnen, da man in den Gedancken stehet, als ob die verstorbene Leichnahme oder die Seelen derselben aus den Gräbern zurückkämen, und ihren Feinden durch häfftige Erwürgung den Tod zuwege brächten. Es ist dieser Wahn bey Jüden und Christen, bey Griechen und Lateinern, bey Ungarn, Pohlen, Teutschen und andern Völckern seit undencklichen Zeiten her aufbehalten, und als eine himmlische Wahrheit von einem auf den andern fortgebracht. Dieses habe durch unterschiedene Exempel in §. 1. 2. 3. 4. 5. dargethan. Man hat nicht gnug gehabt, diese grausamen Erwürgungen den Todten beyzumessen; man hat auch hinzugesetzet, daß einige lebendige die Gestalt der Wölffe annehmen und die andern Menschen erwürgen. Die erste Meinung ist so alt, daß man sie annoch über die Zeit der geschriebenen Bücher hinaussetzen muß. Denn albereits zu den Zeiten Mosis hat man den Leichnahmen und Seelen in den Gräbern sonderbahre Würckungen über die lebendigen zugeschrieben: Und die Dido (a) drohet dem Aeneae, ihrem Geliebten, daß sie ihm, wann sie gestorben, plagen und verfolgen wolle. Virgilius, der diese Geschichte also erdichtet, hat sich alzeit nach den alten Meinungen der Griechen, so bey dem Homero (b) vorkommen, gerichtet, und seinem Gedichte die Glaubwürdigkeit, so viel möglich war, gegeben. Die andere Meinung von den Wehrwölffen komt albereits bey dem Herodoto vor, welcher fünfhundert Jahr vor der Geburt Christi gelebet hat. Einige haben annoch hinzugefüget, daß die bösen Seelen der Leichnahme und die Teufels den andern todten Leichnahmen schaden können. Die Juden schneiden die vier Zipfel von den Todten-Leibach, damit der gestorbene nicht anfangen

(a) *VIRGILIUS Aen.* IV. v. 385. Sqq.
(b) *EVERHARDUS FEITHIUS Antiqq. Homer.* L. I. c. 17.

gen solte daran zu käuen und den lebendigen Schaden zu thun: ferner geben sie dem Todten ein scharffes Messer in die Hand, mit den Worten: Wehre dich. Wenn dannenhero dergleichen jämmerliche Mord-Geschichte unter einem Volcke sonderlich bekant sind, so fallen diejenigen, so in der Phantasey verrücket werden, so fort auf dergleichen wunderbare Uhrsachen, um die Seuche aufs kürtzeste nach ihrem Uhrsprunge zu erklähren. Es ist dieses eine gemächliche und leichte Art zu philosophiren. Denn man kan den schweresten Knoten und denen Würckungen, so viel unterschiedenes in sich fassen, und demnach viele Aufmercksamkeit samt vielen Schlüssen nach sich ziehen, mit einem einzigen Hiebe abhelffen. Es kan seyn, daß es solche böse Geister gibt, welche dergleichen Seuche durch Anwendung natürlicher Mittel hervorbringen. Allein mir deucht, man schliesse alzufreygebig, wenn man aus den Exempeln der heiligen Schrifft, in welchen den Engeln und Geistern die Erweckungen des Sturms, des Erdbebens, der tödtenden Würmer und allerley Kranckheiten zugeschrieben werden, einen algemeinen Satz aufbauen will, daß alle Kranckheiten, alle Stürme, und Erdbebens von den Engeln unmittelbahr gewürcket heissen sollen. Der alte Helmontius unterstund sich, alle Erdbebens den Würckungen der Engel zu zuschreiben, wegen des Exempels bey dem Matth. XXIIX. Allein es haben so wohl die Gottesgelehrten als Naturkündiger diese Meinung, sofern sie für algemein ausgegeben wird, als eine ungegründete Dichtung verworffen. Die Erscheinungen und Würckungen der Engel gehören nicht zum ordentlichen Lauffe des Reichs der Natur; sondern zu den ausserordentlichen Bevestigungen des Reichs der Gnaden. Man kan dieses von selbst wahrnehmen, wenn man sich auf die Geschichte der gegründeten göttlichen Lehren und der Regierung GOttes über die Frommen, auch wieder die Feinde derselben, besinnet, wie dieselbe in der heiligen Schrifft verzeichnet stehet. Ich sehe bey der Historie der Vampirs nichts, welches zur Bekräfftigung der göttlichen Wahrheiten, oder Beschützung der Gläubigen insonderheit diensam sey. Es findet sich auch in den beygebrachten Berichten nicht, daß ein gequälter oder die Umstehenden einen Geist gesehen haben. Und ob sie gleich dergleichen erblicket hätten, so stünde es dennoch sehr dahin, ob die Erhaltung des

Bluhts

Bluhts in den todten Cörpern und die empfundene Würgung, oder Ertödtung, demselben zuzuschreiben gewesen. Ich habe im hellen Mittage a. 1708. 12. Maji. einen gantzen Cörper nach menschlicher und mir bekanter Gestalt auf einem Garten gesehen, dem ich nahe gekommen bin, willens mit ihm zu reden, bis ich die Hopfenstangen dadurch hervorschimmern gesehen, so da hinter aufgerichtet waren. Der alte achtzigjährige Mann, den ich zu erblicken vermeinte, und dessen der Garte war, war um gleiche Zeit, welches ich gar nicht wuste, gestorben, und zwar an den natürlichsten Uhrsachen. Ich bitte mir demnach von dem geneigten Leser dieses aus, daß er mich zu keinen Beckerianer oder Thomasianer machen wolle, wenn er befindet, daß ich von der Art der Weltweisheit des Thales abgehe, als welcher alles mit Geistern erfüllete, damit er so gleich einige vorrähtig hätte, wenn eine schwere Sache aus dem Reiche der Natur auf das Tapet gebracht wurde. Wie richtig es sonst mit dem gemeinen Wahn von den Vampirs (a) beschaffen

(a) Es läst sich vermuhten, daß das Wort zusammen gesetzet sey aus *αἷμα* Bluhe draus *Vam* geworden, und *piren*, das ist, begiesen sey, läst sich daher leicht abnehmen, da eine Frau in Servien gebeichtet hat, daß sie von ihren todten Mann, der ein Vampir gewesen, eines Kindes genesen sey. Es werden andere Weiber bey andern Völckern bedauren, daß dieser Wahn nur in den Grentzen des Servien Landes seine Lagerstäte aufgeschlagen. So aber jemand die vorgelegte Geschichte von den Bluhtsaugers (§. 2.) ohne die Beyhülffe der Geister nicht völlig auflösen kan oder will, demselben lasse seine Freyheit zu dencken ungekräncket. Es wird mir erlaubet seyn, daß ich aus dem wenigen Umständen, so mir von dem Vampirs bekant geworden, weiter nichts schliesse, als sich wegen des Zusammenhangs mit andern Erfahrungen und gegründeten Wahrheiten will thun lassen. Es wurden mir die Berichte von den Vampirs, so bald sie kund wurden, von einer gar hohen und Fürstlichen Persohn gnädigst zugeschicket, und mir theils erlaubet theils befohlen, mein unterthänigstes Gutachten von den Uhrsachen solcher wunderlichen Würckungen anzuzeigen. Ich ha-

---

girig nach einer Sache trachten. Aus Dem [illegible], ist αἷμα. die adspiratio wird offt ins V verwandelt e. g. ἑσπέρα vespera.

habe dem gnädigstem Befehle so fort in tiefstem Respeckte ein unterthänigstes Gnügen gethan. Allein bis daher habe die Herausgebung meiner Gedancken aufs feyerlichste von mir abgelehnet. Ich meinte dazu viele Uhrsachen zu haben. Denn ich hoffte anfänglich, daß man mit der Zeit mehrere Exempel und gleiche Geschichte von mehrern Umständen zu Handen bekommen würde, daraus man viel sicherer etwas gewisses schliessen könte. Nechst diesem war ich begieriger, mich hiedurch von andern belehren zu lassen, als andere zu unterrichten. Es kam auch bald darauf heraus *Curieuse* und sehr wunderbare *Relation*, von denen sich neuer Dingen in Servien erzeigenden Blut-saugern oder *Vampyrs*, aus *authentischen* Nachrichten mitgetheilet und mit historischen und philosophischen *reflexionen* begleitet von W. S. G. E. a. 1732. 8. 9. Bogen. Der Verfasser ist ein gelehrter und wohlbelesener Mann, der in der Weltweisheit, Artzney-Wissenschafft und Gottesgelahrheit sich nicht unerfahren bezeiget. Die Schreibart desselben ist munter und mit vielerley Historien ausgeschmücket. Die Meinung desselben fält dahin aus, daß er die Erwürgung und Aufbehalhaltung des gesunden und klahren Geblühts in den vampirischen Cörpern der Würckung der bösen Geister zuschreibet, so sich lieber an einem als andern Orte aufzuhalten belieben. Jedoch giebt er auch viele Anleitung, wodurch man die Meinung errahten und entdecken kan, welcher der Herr Verfasser zugethan zu seyn scheinet. Ich habe ferner von dieser Materie gelesen die *Acten*mäßige und umständliche *relation* von den *Vampiren* oder Menschensaugern, so a. 1732. 8. zu Leipzig zum Vorschein gekommen. Der Uhrheber der Schrifft hat sich nicht genennet. Die Meinung desselben geht dahin, daß die Luft ein sonderbahrer Geist sey, der sich in das menschliche Geblühte verwandele, und die Wohnung der Seele, wie auch der guten und bösen Geister sey. Dis zu erweisen, beziehet er sich auf die Schrifft-Stellen Gen. IX. 4, 5. Iob. XXIV. 12. Lev. XVII. 10, 14. woselbst gemeldet wird, daß das Leben des Leibes im (umlauffenden) Bluhte bestehe. Ferner beliebet demselben zu glauben, daß vermittelst des algemeinen Weltgeistes, oder der Luft, die Geister mit einander Unterredung halten können. Den Umgang mit den guten Geistern nennet er sympathiam; den Umgang mit den bösen betitelt

telt er antipathiam. Diesem Luft-Geiste legt der Verfasser einen subtilen Cörper bey, welcher bey der Ausfahrung der Seele und dem Absterben des sichtbaren Leibes seine sympathie oder antipathie fortsetze. Von den abgeschiedenen Luft-Geistern, so in der antipathie stehen, sollen, wie der Verfasser vorgiebt, die Lebendigen unter der Zulässung GOttes ausgesogen werden. Am artigsten scheinet es zu klingen, wenn der besagte Weltweise den Spruch Iob. VI. 4. zum Beweisthum dessen anführet. Hierauf folget eine fernere Ausführung, worin alle Umstände der Vampirs aus diesem erdichteten und Paracelsischen Gründen erklähret werden. Wenn man die Erfahrung, einige richtige Art zu schliessen, und den rechten Wort-Verstand der Bibel gelten läst; so fallen zugleich die Einfälle des besagtē Herrn Verfassers über einem Hauffen. Daher mit guten Grunde wieder diese Schrifft ans Licht getreten ist des Herrn. **Gottlob Heinrich Vogts kurtzes Bedencken von denen** *Acten*-**mäßigen** *relation*en **wegen deren** *Vampi*ren **oder Menschen- und Vieh-Aussaugern, ingleichen über das davon in Leipzig herausgekommene** *raisonnement* **vom Welt-Geiste** a. 1732. 8. **Leipzig.**

gig. Man erkennet aus der kurtzen Schrifft, daß der Verfasser in der Artzeney-Kunst wohl erfahren und von guten Geschmack sey. Dieses erhellet auch unter andern daher, daß er den erdichteten Welt-Geist mit sonderbahrer Deutlichkeit aus dem Circul der Weltweisen verbannet hat. Es wird sich Gelegenheit zeigen, in unserer Abhandlung den so beschrienen Welt-Geist der Paracelsisten, Böhmisten und Gichtelianer näher zu beleuchten. Der Herr Vogt erkläret die erlittene Bluht-Aussaugung von einem Gifte, welches durch das Essen von einem vergifteten Viehe entstanden und durch den Umgang nachhero von einem angesteckten Menschen auf den andern, der gleicher Säfte gewesen fortgepflantzet worden sey.

Es ist mir ausser dieser Schrift annoch eine andere zu Gesichte gekommen, nemlich PUTONEI besondere Nachricht von den Vampiren, so zu gleicher Zeit an eben dem Orte ans Licht getreten ist. Der Herr Verfasser stehet in den Gedancken, daß die Nachrichten von den hungarischen Bluhtsaugers nicht vollständig, noch gehörig eingerichtet seyn angesehen, kein erfahrner Artzt oder Naturkündiger dabey gewesen, auch keiner einen Bluhtsaugenden

den Geist gesehen habe. Daß man eine genauere und umständlichere Untersuchung in Servien hätte machen können und sollen, ist wohl ausser allen Zweiffel. Ausser diesen sind vermuhtl. annoch einige andere Schrifften gleiches Inhalts herausgegeben, welche ich aber bis daher nicht gelesen. Des Eudoxi Bericht von einigen Schrifften, die *Vampyr*en betreffend, ist in einen kurtzen Auszug gebracht in der auserlesenen Theologischen Bibliotheck P. LXII. art. 4. und in den gelehrten Zeitungen dieses 1732ten Jahrs n. 50. p. 450. angezeiget worden. Man hat sich schon längst über der künftigen Ausführung dieser Materie, welche der Herr President der Leopoldinischen Geselschafft, der Herr Doctor und Professor I. W. *BAIER* zu Altorf auf allergnädigstes Ansinnen Ihro Allerdurchlauchtigsten Käyserlichen Majestät übernommen hat, gefreuet. Es wird sich dieser hochberühmte Mann um mehrere Nachrichten und Erfahrungen bemühen und derselben fähig werden, auch dannenhero etwas gründliches der gelehrten Welt vorlegen können. Wenn diese meine Schrift und vorhabende Abhandelung kein gäntzliches Genügen schaffen wird; so wird der geneigte Leser dennoch die Bemühung des Verfassers und die tieffste Ehrfurcht desselben gegen eine hohe Persohn zum besten ausdeuten. Ich empfehle mich demselben und diese geringe Arbeit.

Gandersheim am 24. Sept.
1732.

Inhalt der Ausführung.

§. 7. Was voraus zu setzen sey, wenn man den Geistern die Bluht-Aufsaugungen zuschreiben will.

§. 8. Wie man dieser Meinung einiges Gewichte geben könne.

§. 9. Erzehlung der Uhrsachen, warum man den Engeln die Beforderung der Unverweslichkeit und der vermeinten Bluhtsaugung nicht zuschreiben kan.

§. 10. Die wunderbahren Würkungen können von der Seele des Verstorbenen nicht herrühren.

§. 11. Man darf sich auf die unmittelbare Würckung GOttes hierin nicht beruffen.

§. 12. Es werden einige Anmerkungen beygebracht über die heutigen Merveilleurs,

§. 13. An welche man sich nichts zu kehren hat, weil sie solche Grillen behaupten, so den natürlichen und geoffenbahrten Wahrheiheiten schnurstracks entgegen stehen.

§. 14. Es ist nicht glaublich, daß die Leiber, so vampirt haben, lebendig begraben worden.

§. 15. von dem anziehenden Geiste des Chr. Thomasii.

§. 16. Von den Weltgeiste und Rüdigerischen Geiste, auf welche man sich hierin nicht zu beziehen hat, weil es Hirngespinste sind.

§. 17. Uhrsprung und Ungereimtheit des Astral-Geistes oder Chaldäischen Welt-Geistes, welchen neulich V. C. Tuchtfeld wieder auf die Schaubühne, samt dem Arimanio, gestellet hat.

§. 18. Ob die Lufft Geist sey, der die Unverweslichkeit befördert.

§. 19. Der Begrif von den Vampirs.

§. 20. Die Erwürgung, so den Vampirs zugeschrieben wird, ist eine Phantasey.

§. 21. Denn die Umstände geben solches von selbst.

§. 22. Die unrichtige Einbildungskraft hat viele Uhrsachen, so hieselbst gemeldet worden.

§. 23. Dieses wird annoch aus algemeinern Gründen erläutert.

§. 24. Hieher gehört die beschriene Brockenfahrt der Hexen.

§. 25. Ingleichen die Beerwölfe.

§. 26. Der häufige Gebrauch des Opii in der Türckey trägt vieles bey zur unrichtigen Phantasey.

§. 27. Die heutigen Visionarii haben sonderbahre Mittel zur Verderbung der Einbildungs-Kraft.

§. 28. Durch die verdorbene Phantasey würcket der Satan in die Menschen.

§. 29. Wie die Seuche der verdorbenen Einbildung von einem

Die Abhandlung.

§. I.

Es ist ein alter und bey dem gemeinen Manne gar bekanter Wahn, daß die verstorbenen Cörper in den Gräbern annoch freßig und bluhtgierig seyn. Auf den umliegenden Dörffern findet sich die Gewohnheit, daß man die Zipfels des Sterbekittels zurückleget oder gar abschneidet. Denn man stehet in der Einbildung, daß der Todte, wenn er dergleichen Zipfel in den Mund bekomme, anfange zu schmacken und zu fressen, mit dem traurigen und schrecklichem Erfolge, daß die Anverwandten einer nach dem andern ausgezehret werden und sterben müssen, so lange solches Fressen oder Schmacken währet. Damit man diesem Ubel zuvorkomme, sind die Einwohner einiger Dorfschaften gewohnt, dem Verstorbenen einen Pflock in dem Hals über der Zunge zu befestigen, damit er die Zunge nach dem Tode nicht regen und seinen Feinden nachhero den Tod anthun könne. Vor einigen Jahren zanckten zwey Bauren in Ackenhausen wegen der Holtzung. Als der eine starb, war dem andern bange, daß er bald ausgezehret werden möchte. Er ging demnach bey zeiten zu dem Leichnam des Verstorbenen, und pflöckte demselben über der Zunge einen länglichtrunden Stock in dem Mund. Es sahe solches aber ein Kind, welches er nicht vermuhtet hatte. Die Sache wurde klagbahr, und wurde der Pflock, an welchem annoch etwas Bluht klebte, an das Hochfürstl. Amt Gandersheim gebracht. Der Thäter gestand solches so fort und führte die algemeine Gewohnheit der Dorf-Leute zu seiner Vertheidigung an. Ich erinnere mich auch, daß vor einigen Jahren auf dem Gottes-Acker vor Alfeld aus dem Grabe ein Schall eines Schmackens und Saugens von einigen, wie man sagte, gehöret worden. Wie solches der Obrigkeit gemeldet wurde, wolte dieselbe nicht vergönnen, daß man die Verstorbene ausgrübe und das Grab öfnete. Es folgete aber darauf keine Sterbens-Noht unter den Anverwandten oder Feinden. Vordem pflegte man dergleichen Cörper aufzugraben und denselben einen Pfahl durchs Hertze zu schlagen, damit sich dadurch die Auszehrung und Aussaugung der Hinterbliebenen legen mögte. (a) Samuel Friderich Lauterbach, Prediger zu Frauenstadt in Pohlen, schreibet in seiner Pest-Chronic, so er a. 1710. herausgegeben, von dieser Sache, und schliesset p. 26. also: Man will sagen, als

(a) *HARSDOERFER* in *jämmerlichen Mordgeschichten*, p. 406.

als ob dergleichen Ausgraben auch jetzo hie in der Nähe an einem Römischen Orte fürgenommen worden, und hätten sich einige Leichen gantz bluhtig und befressen befunden, denen man die Köpfe abstossen lassen. Der seelige Lutherus meint (b), daß der Satan dergleichen Gereusch anrichte und das Gehör dadurch betriege. Woraus erhellet, daß man schon damahls von dem Schmacken und Saugen, auch Fressen der verstorbenen in den Gräbern ein gemeines Gerüchte in der Welt ausgestreuet habe. Es ist gar mercklich, daß man insgemein zu Pestzeiten dergleichen Gereusch in den Gräbern will gehöret haben.

§ II.

Der Actenmäßige Bericht über die Vampirs, so sich zu Meduegia in Servien an den Türckischen Gräntzen sollen befunden haben, lautet von 17ten Ian. 1732. also:

"Nachdem die Anzeigung geschehen, daß in dem Dorfe Meduegia in Servien die so genanten Vampirs einige Persohnen durch Aussaugung des Bluhts umgebracht haben sollen; als bin ich auf hohen Befehl eines alhiesigen Hochlöblichen Ober-Commando, um die Sache verständig zu untersuchen, nebst dazu commandirten Herrn Officiers und zwey Unterfeldscherern dahin abgeschicket und habe gegenwärtige inquisition in Beyseyn des der Stallater Heyducken Compagnie Capitain Gorschitz Haduck, Barjactar und ältesten Heyducken

(b) In Tischreden C. IX. f. 151.

„cken des Dorfs folgender massen vorgenommen,
„welche denn, da sie abgehöret worden, einhellig
„ausgesagt, daß vor ohngefehr fünf Jahren ein hie-
„siger Heyduck, nahmens Arnond Parle, sich durch
„einen Fall von einem Heuwagen den Halß gebro-
„chen. Dieser hatte bey seiner Lebens-Zeit sich öf-
„ters verlauten lassen, daß er bey Gossowa in dem
„Türckischen Servien von einem Vampir geplaget
„worden sey; Dahero er von der Erde des Grabs
„eines Vampirs gegessen und sich mit dessen Bluht
„geschmieret habe, um von der erlittenen Plage
„entlediget zu werden. In 20. oder 30. Tagen
„nach seinem Tod-Falle haben sich einige Leute be-
„klaget, daß sie von dem gedachten Arnond Par-
„le geplaget würden, wie denn würcklich 4. Per-
„sohnen umgebracht worden. Um nun dieses Ubel
„einzustellen, haben sie auf Einrahten ihres Had-
„nucks, welcher schon vorhin bey dergleichen Be-
„gebenheiten gewesen, diesen Arnond Parle in bey-
„läuffig 40. Tagen nach seinem Tode ausgegra-
„ben, und gefunden, daß er gantz vollkommen
„und unverweset sey, auch ihm das frische Bluht
„zu den Augen, Nasen und Ohren herausgeflos-
„sen, das Hembd, Ubertuch und Tücher gantz
„bluhtig gewesen, die alten Nägel an Händen und
„Füssen samt der Haut abgefallen, und dargegen
„andere neue gewachsen seyn. Weil sie nun dar-
„aus ersehen, daß er ein würcklicher Vampir sey,
„so haben sie demselben nach ihrer Gewohnheit ei-
„ein Pfahl durchs Hertz geschlagen, worbey er
„nen wohlvernehmliches Geächzen gethan, und ein
„häuffiges Geblühte von sich gelassen. Worauf
„sie den Cörper noch selbiges Tages gleich zur A-

schen

schen verbrant und solche in das Grab geworffen."
Ferner sagen obgedachte Leute aus, daß alle die-"
jenige, welche von den Vampirs geplaget und"
umgebracht worden, ebenfals zu Vampirs wer-"
den müssen. Also haben sie die obberührte 4 Per-"
sohnen auf gleiche Art exsequirt. Dem fügen sie"
auch hinzu, daß dieser Arnond Parle nicht allein"
die Leute, sondern auch das Vieh angegriffen und"
ihnen das Bluht ausgesauget habe: Weil nun"
die Leute das Fleisch von solchen Vieh genützet,"
so zeigte sichs aufs neue, daß sich wiederum eini-"
ge Vampirs alhier befinden, allermassen in einer"
Zeit von drey Monahten XVII. junge und alte"
Persohnen mit Tode abgegangen, worunter eini-"
ge ohne vorhergehabte Kranckheit in 2 oder 3. Ta-"
gen gestorben. Dabey meldet der Heyduck Jovi-"
za, daß seine Schwiegertochter Stanjoicka vor"
15. Tagen sich frisch und gesund schlaffen gelegt,"
um Mitternacht aber mit einem entsetzlichen Ge-"
schrey, Furcht und Zittern, aus dem Schlafe"
aufgefahren, und geklaget, daß sie von einem vor"
4. Wochen verstorbenen Heyducken-Sohne, nah-"
mens Milloe, um den Hals gewürget worden sey,"
worauf sie einen grossen Schmertz auf der Brust"
empfunden und von Stunde zu Stunde sich schlech-"
ter befunden, bis sie endlich den achten Tag gestorbẽ."
Hierauf sind wir denselben Nachmittag auf dem"
Freyt-Hof, um die verdächtigen Gräber eröfnen"
zu lassen, neben den oft gemeldten Heyducken des"
Dorfs ausgegangen, die darin befindliche Cörper"
zu visitiren, wobey nach sämtlicher Secirung sich"
gezeiget:"

1) Ein

„ 1) Ein Weib, nahmens Stana, zwantzig Jahr
„alt, so vor drey Monahten nach einer dreytägi-
„gen Kranckheit ihrer Niederkunft gestorben, und vor
„ihrem Tode daselbst gesagt, daß sie sich mit dem
„Bluhte des Vampirs gestrichen hätte, (a)
„folgendlich sie sich so wohl, als ihr Kind, welches
„gleich nach der Gebuhrt gestorben und durch eine
„leichtsinnige Begräbniß von den Hunden bis auf
„die Helfte verzehret worden, (b) ebenfals Vam-
„pirs werden müssen. Sie war gantz volkommen
„und unverweset (c). Nach Eröfnung des Cörpers
„zeigete sich in cavitate pectoris eine quantität fri-
„sches extravasirtes Gebluhte. Die Vasa, als ar-
„teriae und venae, nebst den ventriculis cordis
„waren nicht, wie es sonst gewöhnlich, mit (d)
„coagulirten Gebluhte implicirt, die sämtlichen
„viscera, als pulmo, hepar, stomachus, lien
„& intestina waren dabey gantz frisch, wie bey ei-
„nem gesunden Menschen: Der uterus befand sich
gantz

(a) Hieraus erhellet, daß das Ubel sich durch gewisse Mittel fortgepflantzet habe, folglich eine Seuche gewesen sey.

(b) Von diesem Knaben wird gar keine Vampirung berichtet, weil dessen Theile von der äusserlichen Luft haben gerührt werden können und folglich in eine merckliche Fäulung gegangen seyn.

(c) Man bedencke auch den Umstand, daß es damahls Winter gewesen und die auswärtige Luft Zeit einigen Monahten schon dicke und frisch gewesen sey.

(d) Aus der Seite JEsu flos Bluth und Wasser heraus, zum Zeichen, daß sich das Wasser schon abgesondert gehabt, und folglich derselbe wahrhaftig gestorben sey.

ganz groß und externe sehr inflammirt, weil placenta, wie auch die lochia, bey ihr geblieben; dahero selbiger in völliger (e) putredine war. Die Haut an Händen und an Füssen samt den alten Nägeln fiele von sich selbsten herunter (f); herentgegen zeigten sich nebst einer frischen und lebhaften Haut gantz neue Nagel.

2) War ein Weib, nahmens Miliza, beyläufig sechzig Jahr alt, welche nach dreymonahtlicher Kranckheit gestorben, und vor neunzig und etlichen Tagen begraben worden. In der Brust befand sich vieles liquide Geblühte. (g) die anderen viscera waren gleich der vorgemeldeten in einem guten Stande. Es haben sich bey der Secirung die umstehende sämtliche Heyducken über ihren fetten und vollkommenen Leib sehr verwundert, einhellig aussagende, daß sie das Weib von ihrer Jugend auf wol gekennet, und zeit ihres

Le-

(e) Woraus erhellet, daß der Satan die Cörper der Vampirs gar nicht vor der Fäulniß bewahrt, denn wo die Fäulniß wegen der Gehrung in den saftigsten Theilen am ersten anheben kan, daselbst hat sie sich gefunden.

(f) Dis zeigt eine vorhergegangene alteration an, so in dem Cörper durch die Kranckheit und den Tod verursachet worden.

(g) A. 1709. fielen über vierzig Leute im Winter durch einen Eisgang in die Donau, und behielten, weil das Wasser kalt ist, und die Luft nicht frey hinzukommen konte, auch noch nach acht Wochen, da sie zu sammen gesucht wurden, ein gar klares Bluht. Denn als sie an die freye Luft und in eine warme Stube kamen, lief ihnen das klare und helle Bluht aus der Nasen und Munde, und drung, da man sie in ein Sarg legte, durch die Todtenbaare.

„Lebens gantz mager und ausgedort gewesen (h),
„mit nachdrücklicher Vermeldung, daß sie erst in
„dem Grabe zu dieser verwundernswürdigen Fet-
„tigkeit gelanget sey, auch der Aussage der Leute
„nach, solle sie jetziger Zeit den Anfang zu vam-
„piren gemacht haben, zumahlen sie das Fleisch
„von den Schafen, so von den vorhergehenden
„Vampiren umgebracht worden, gegessen ha-
„be. (i)

„ 3) Befande sich ein acht-tägiges Kind, welches
„neunzig Tage im Grabe gelegen (k), gleichermassen
„im Vampir-Stande.

„ 4) Wurde eines Heyducken (l) Sohn, Nah-
„mens Milloe, sechzehn Jahr alt ausgegraben, so
„neun Wochen im Grabe gelegen, und nach einer
„drey-tägigen Kranckheit gestorben, und gleich den
„andern Vampirs befunden worden.

„ 5) Ist der Joachim, gleichfals eines Heydu-
„cken Sohn, siebenzehn Jahr alt, nach einer drey-
„tägigen Kranckheit gestorben, nachdem er acht
„Wochen und vier Tage begraben gelegen, und be-
„fand sichs bey der Section gleicher Gestalt. 6)

(h) Dis zeigt die bey dem Tode vorgegangene alteration und die disposition zur Gehrung an, welche nachher durch die Abhaltung der freyen Luft in der kalten Erde nicht zum gäntzlichen Ausbruch gelangen können. Trockene Leute haben gemeiniglich viel Bluht, welches durch einen mähligen dazukommenden calorem sich sehr auseinander spannen kan.

(i) Hieraus erhellet, daß die Seuche sich von Essung eines inficirten Schaffleisches angesponnen habe.

(k) Dieses hat vermuhtlich die Seuche von der Mutter durch die Gebuhrt oder die Milch geerbet.

(l) *BUSBEQUINS legationis Turcicae epistola* I. p. 30. „Heydones vocant Hungari ex armamentariis milites siue praedones.„

6) Ein Weib, Nahmens Rusche, welche„ nach einer zehn-tägigen Kranckheit gestorben, und„ vor sechs Wochen begraben worden, bey welcher„ auch viel frisches Geblühte nicht allein in der„ Brust, sondern auch in fundo ventriculi gefunden„ habe, wie sich denn auch ein gleiches bey„ ihrem Kinde, so achtzehn Tage alt war, und„ vor fünf Wochen gestorben, gezeiget hat.“

7) Nicht weniger befand sich ein Mägdlein„ von zehen Jahren, welche vor zwey Monahten„ gestorben, in obangezogenem Zustande, gantz„ vollkommen und unverweset, und hatte in der„ Brust vieles frische Geblühte.“

8) Hat man des Hadnucks Weib samt ihrem„ Kinde ausgraben lassen, welche vor sieben Wochen„, ihr Kind aber, so acht Wochen alt, und„ vor ein und zwantzig Tagen gestorben war, daß„ so wol die Mutter als das Kind völlig verweset,„ ob sie wol in gleicher Erden und nechst-gelegenen„ Gräbern begraben worden.“ (m)

9) Ein Knecht des hiesigen Heyducken-Corporals„, Nahmens Rhade, so drey und zwantzig„ Jahr alt war, ist in einer dreymonatlichen„ Kranckheit gestorben, und nach einer fünfwöchentlicher„ Begräbnis völlig verweset gefunden„ worden.“

10) Des hiesigen Bariacters Weib samt ihrem„ Kinde, so vor fünf Wochen gestorben, war„ gleichermassen völlig verweset.“

11) Bey dem Stancko, einem Heyducken, so„ sechzig Jahr alt und vor sechs Wochen gestorben„

 war,“

(m) Diese sind nicht an gleicher Seuche gestorben.

„war, habe ich ein häufiges Geblühte, so gleich „den andern liquide, in der Brust und Magen ge- „funden, und der gantze Leib war in oft-benantem „Vampir-Stande.

„12) Milloe, ein Heyducke, 25. Jahr alt, so „sechs Wochen in der Erde gelegen, fand sich „gleichfals in mehr-gemeldetem Vampier-Stan- „de.

„13) Stanjoicka, eines Heyducken Weib, „zwantzig Jahr alt, ist an einer dreytägigen „Kranckheit gestorben und vor achtzehen Tagen „begraben worden. Bey der Secirung habe ich ge- „funde, daß sie in dem Angesicht gantz roht und von „lebhafter Farbe war, und, wie obgemeldet, sie von „des Heyducken Sohn, Nahmens Milloe, sey um „Mitternacht um den Hals gewürget wor- „den, sich auch augenscheinlich gezeiget, (n) daß „sie an der rechten Seite unter dem Ohr einen „blauen mit Bluht unterloffenen Flecken, eines „Fingers lang, gehabt. Bey Eröfnung ihres „Sargs flosse eine quantität frisches Geblühts aus „der Nasen. Nach der Secirung fande ich, wie „schon oft gemeldet, ein rechtes Balsamisches Ge- „blühte, nicht allein in der Höle der Brust, son- „dern auch in ventriculo cordis. Die sämtliche „viscera befunden sich in vollkommenen gesunden „und guten statu. Die Unterhaut des gantzen „Cör-

(n) Vor etwa sieben Jahren träumete hieselbst zu Gandersheim einer Mutter und Tochter, daß ihnen die Köpfe sehr dicke wären und wehe thäten. Die Phantasey rührte von der disposition des Cörpers. Denn kurtz darauf zeigete sich das an ihren Gesichtern, was ihnen geträumet hatte.

Cörpers, samt den frischen Nageln an Händen" und Füssen, waren gleichsfals frisch."

Nach geschehener visitation sind den sämtlichen Vampirs die Köpfe durch dasige Zigeuner" herunter geschlagen, (o) und samt den Cörpern" verbrannt, die Asche davon in den Fluß Morava" geworfen; (p) die verwesete Leiber aber wieder in ihre vorhergehabte Gräber geleget worden. Welches hie samt den mir zugegebenen" zwey Unter-Feldscherern bekräftige. Medovegia" in Servien. 7. Jan. 1732.

Joh. Flickinger, Regiments-Feldscherer des" löbl. Baron-Fürstenbusch. Regiments" zu Fuß."

Isaac Siegel, Feldscherer des löbl. Maragl." Regiments."

Joh. Frid. Baumgärtner." (wieder erste)

Darunter hatten sie zwo Officier geschrieben, und dieses mit ihrem Zeugniß bekräfftiget, unter dem dato: Belgrad 26. Jan. 1732.

(o) War diese Vampirung von Satan, warum hat man ihn nicht durchs Gebeht weggetrieben? War sie natürlich, warum hat man eine solche Strafe oder Schau-Spiel an den Cörpern ausgeübet? Man sollte die grossen, ungerechten, und lebendigen Vampirs köpfen und die todten in der Stille lassen.

(p) Sollte unter den Vampirs nicht ein redlicher Mann gewesen seyn? Woraus beweiset man das Gegentheil? Wie mag dieses den Anverwanten nicht zur Schmach ausgelegt seyn?

§. III.

ERASMUS FRANCISCI in den Zusätzen und Anmerckungen über *VALVASORIS descriptionem* des Ertz-Hertzogthums Crain Tom. III. Lib. XI. fol. 317. sq.

„In dem Marckt Kring in Crain hat sich „1672. dieser abentheurliche Fall begeben, nemlich, daß man einen begrabenen todten Cörper „eines Mannes, welcher Georg oder (Guire) „Grando geheissen, ausgegraben, und mit besondern Ceremonien denselben den Kopf abgehauen, auf daß man möchte Ruhe für ihm haben. „ = = = Nachdem besagter Mann vor 16. „Jahren verschieden, und mit gewöhnlichen Leich-„Gebräuchen christ-üblich eingeerdiget worden; „hat man ihn nach seiner Begräbniß bey der „Nacht gesehn umhergehen in diesem Marckt „Kring. Und ist er zwar anfänglich dem Pater „Georgio einem München St. Pauli des ersten „Eremitens erschienen, welcher ihn begraben und „die Messe verrichtet hatte. Denn als jetzt-benannter Pater mit des Begrabenen Freunden „zu der Wittwen ins Haus gangen, und nach „alda eingenommener Mahlzeit, vom Essen aufstehend, wieder heim gehen wollte; sahe er „den Verstorbenen hinter der Thür sitzen, „und gieng gantz erschrocken davon. Hernach ist „dieser Begrabene oft ihrer vielen erschienen bey „nächtlicher Weile, da er auf der Gassen hin und „wieder gangen, und bald hie und da an die „Haus-Thüren geschlagen, und seynd unterschiedliche Leute daüber gestorben; zumahl aus solchen Häusern, da er hat angeklopffet. Denn" vor welchem Hause er angeschlagen, daraus ist" bald darauf einer mit Tode abgegangen. Er" hat auch bey seiner hinterlassenen Wittwen" sich eingefunden, und dieselbe würcklich" beschlaffen, welche aber, weil sie einen Ab-" scheu vor ihm getragen, endlich zu dem Supan" (oder Marckt-Schultzen) Miho Radetich hin-" geloffen, auch bey ihm verblieben und gebeten," er wollte ihr doch wider ihren verstorbenen Mann" Hülffe verschaffen."

Der Supan bittet deßwegen etliche behertz-" te Nachbarn zu sich, gibt ihnen zu sauffen und" spricht ihnen zu, sie sollen ihm Beystand leisten," daß solchem Ubel möge abgeholffen werden; weil" dieser Georg oder (Guire) Grando, allbereit viele" Ihrer Nachbarn gefressen hätte, dazu die Witt-" we alle Nächte überwältigte und beschlieffe." Worauf sie sich entschlossen, den unruhigen" Nachtgänger anzugreiffen, und ihm das Hand-" werck zu legen. Diesemnach haben sich ihrer" 9. aufgemacht, mit zweyen Wind-Lichtern und" einem Crucifix, und das Grab geöffnet; Da" sie denn deß entdeckten todten Cörpers Ange-" sicht schön roth gefunden, welcher sie auch an-" gelacht, und das Maul aufgethan. Worüber" diese streitbahre Gespenst-Bezwinger dermassen" erschrocken, daß sie alle mit einander davon ge-" loffen. Solches kränckte den Supan, daß ih-" rer neune Lebendige mit einem einzigen Todten" nicht sollten zu rechte kommen können, sondern" für einen blossen Anblick desselben, zu flüchtigen" Hasen würden: Derhalben sprach er ihnen zu"

und"

„und frischte sie an, daß sie mit ihm wieder um-
„kehrten zum Grabe, und ihm einen geschärff-
„ten Pfahl von Hagedorn durch den Bauch
„zu schlagen sich bemüheten: welcher Pfahl
„allemahl wieder zurück geprellt. Indessen hat
„der Supan gleichsam einen Geistlichen gepræsen-
„tiret, das Crucifix dem Todten vors Gesicht ge-
„halten, und ihn also angeredet: Schau du,
„Strigon! (also werden solche unruhige Todten
„in Histerreich genannt) hier ist JEsus Chri-
„stus! der uns von der Höllen erlöset hat, und
„für uns gestorben ist! und du Strigon kannst
„keine Ruhe haben ꝛc. und was dergleichen Wor-
„te mehr gewesen, so dieser unzeitiger Exorcist
„oder Todten-Redner daher gemacht. Indes-
„sen seynd dem Gespenst die Zähren aus den
„Augen hervor gedrungen. Weil aber der
„Pfahl nicht durch den Leib getrieben werden kön-
„nen; so hat einer zu Mehrenfelß wohnhaffter, Nah-
„mens Micolo Nyena, von weiten angefangen
„mit einer Hacken den Kopff abzuhacken, aber
„weil er aber furchtsam und verzagt damit um-
„gangen, ist ein anderer, der mehr Hertzens ge-
„habt, nehmlich der Stipan Milasich hinzu ge-
„sprungen, und hat den Kopf weggehauet. Wor-
„auf der Todte ein Geschrey gethan, und sich
„gewunden, nicht anderst als ob er lebendig
„wäre, auch das Grab voll geblutet. Nach
„solcher Verrichtung haben die erbare Herren
„Executores das Grab wieder zugemacht und
„sich heim verfügt. Von welcher Zeit an das
„Weib und andere Leute Ruhe für ihm gehabt.

Es ist dieses in Isterreich und daherum

gar gemein, daß sie also die Todten, wenn sie" nicht ruhen wollen, sondern bey Nacht herum-" schweiffen und die Leute angreiffen, ausgraben" und ihnen einen Pfahl von Dornholtz oder Hage-" dorn durch den Leib schlagen. Massen dann" noch vor wenig Jahren auch in einem unweit von" hier liegendem Venetianischen Dorff, wie mir" eine gewisse fürnehme Hand zugeschrieben, der-" gleichen geschehen, daß man dem Todten also" einen Pfahl durch den Leib gestossen. Aber wenn" die Obrigkeit solches erfähret, werden sie darüber" hart gestrafft, und zwar billig: Denn es ist des" Teufels Werck, der die Leute also äffet und" blendet, und dadurch zu abergläubischen Mit-" teln bewegt. Hieher dienet die Rede *FRAN-*" *CISCI TORREBLANCÆ* Tom. 2. de Magia" lib. 2. C. 26. fol. 234. *Apparationes & Resurre-*" *ctiones mortuorum, quas vobis dæmones & magi*" *obtrudunt, non sunt animae, sed spectra et phantas-*" *mata*, &c. Wiewohl dieses nicht durchgehends" auf allerley Erscheinungen zu deuten."

ACTA ERUDITORUM LATINA a. 1722. Mens. Jan. p. 17. ex P. Gabr. Azaczynsky Historia Natur. curiosa regni Poloniæ Sandomir. 1721. 4. *Sectione 2. de commutatione cadaverum agens mira profert Auctor de mortuis in tumulis adhuc voracibus & vicinos viventes spectrorum modo trucidantibus, a Polonis speciali nomine Vpiers & Vpierzyca appellatis, de quibus quae producit authentica documenta, ulteriorem fortasse disquisitionem merentur.* D. Andreas Elias Buchner führt a. 1725. ein Exempel an, daß zwey todte Leichnams des Nachts wiederkommen seynd, und Leute erwürget haben, deswegen aber verbrannt worden. *NOVA ACTA ERUDITORUM* a. 1732. p. 330.

§. IV.

In der Insul Chio erzehlet man verschiedenes von den *Zorzolacas*, *Burcolaccas*, und *Nemolacas*, welches Cörper seyn sollen, so im Grabe nicht verwesen. Man sagt, daß der Geist währender Zeit, da der Leib nicht verweset, alle Nacht auf der Strassen gienge, an die Thüren schlüge, und jeden bey Nahmen riefe. Diejenigen so da antworten, wie man sagt, sterben in drey oder vier Tagen. Dergleichen Cörper hatte einsmahls funfzig Tage im Grabe schon gelegen, und war dennoch nicht verweset. Man grub ihn wider aus, und der Priester laß Messe drüber. Der Todte hatte kein Zeichen der Verwesung an sich, als daß ihm ein Wurm aus der Nasen ging. Dieses erzehlet aus anderer an ihm geschehenen Berichte der berühmte *THEVENOT* in dem Buche: *Voyage de Levant* c. 63. p. 184. sq. edit. Paris a. 1665. 4. Man kan hiebey nachsehen D. *JOANNIS MICHAELIS HEINECCII* eigentliche und wahrhaffrige Abbildung der alten und neuen Griechischen Kirche P. III. c. 6. §. 33. p. 420.

§. V.

Diejenigen, so im Banne bey den Griechen sterben, können, nach einhelliger Erzehlung der Griechen, nicht (a) verfaulen, sondern schwellen auf,

(a) In der Lateinischen Kirche hält man das Wiederspiel,

auf, wie eine Trommel, und bleiben, wie Stahl und Eisen, unverweßlich, bis sie der Bischof vom Banne loszehlet. Sie sagen, daß nach geschehener absolution der Cörper auf einmahl zur Asche werde. Man brauchet diese Erzehlung zu einen sonderlichen Beweisthum der Bischöflichen Gewalt, und ist demnach der Priesterschafft dran gelegen, daß dieses beständig geglaubet werde. THOMAS SMITH, S. Theolagiae Doctor et ecclesiae Anglicanae Presbyter, in Epistola de Graecae Ecclesiae hodierno statu, edita Traiecti ad Rhenum a. 1698. 8. p. 124. sqq. *Hanc de excommunicatis opinationem Graecorum mentibus insedisse comperi, quod si quispiam, diris hisce devotus, ante redintegratam communionem, repentino casu, aut mente obstinata & pacis ecclesiasticae contemptrice, moriatur; eiusdem corpus naturali suo statu per decem & duodecim menses illaesum in sepulchro superesse, nisi quod totum nigrescat, & obdurata cute in modum tympani, Daemonis occupantis afflatu, intumescat. Inde infelix iste* ἀδιάλυτος *nuncupatur* τυμπανιαῖος*: simili errore abrepti, manes, quos* βουρκολάκας *siue* βυλκολακκας *a foetore, qualis e limo in fossa putrescente emitti solet, appellant, noctu praesertim, tam in plateis quam in coemiteriis subinde huc illuc cursitantes, interdum aedium ianuas pulsare, interdum obvios quosque pro-*

 priis

spiel, und macht ein Zeichen der grösten Heiligkeit daraus, wenn ein Cörper nicht verweset, sondern frisch bleibet. Die neuen Heiligen halten es auch also. In einem Circular-Schreiben derselben wurde noch neulich jemand überseelig gepriesen, weil er noch einige Tage nach dem Tode frisch ausgesehen.

priis nominibus adpellare fingunt. Ex hac vana & inani imaginatione oritur superstitiosus metus, ut quispiam illos in tenebris, siue ad fenestras aedium, siue foris ambulantes alloquenti respondere nefas esse ducant, donec voce repetita constet, se non cum lemure, quem tantopere horrent, verba habituros. Si re inexplorata hoc fieret, quasi certissimum mortis esset indicium, emota mente contremiscunt & exanimantur, moerore, qui ex melancholia, nulla arte, consilio nullo, amolienda, exsurgit, inde contracto. Frustra illis persuadebitur, phasmata haec e puerili metu & laeso cerebro figuras ejusmodi accepisse, aut corpora excommunicatorum eandem communem cum ceteris, ab ista ferali sententia immunibus, habere. Fabellas enim pro veris historiis statim importune obtrudunt, quasi res esset exploratissima & effossis tumulis ita se habuisse ingenti cum confidentia asseverant. Ex iis vero nominem, diligenti examine saepe habito, reperi, qui se eiusmodi horrendis spectaculis interfuisse dixerit. Nec de credula & imperita plebe loquor; ipsi Sacerdotes, non quasi ex vafritie hanc opinionem in illorum mentibus alerent, ut ob reuerentiam, censuris ecclesiasticis debitam, honos sacerdotii maneat integer, eadem mentis infirmitate laborantes, idem commentum prona mente amplectuntur. Terrore hoc incusso, decreta, quo firmiora magisque rata habeantur, hac sanctione munire solent Episcopi, quemlibet secus facientem, quam quod iusserint, eo ipso nomine a Deo separandum, maledictum fore, atque sacrorum communione arcendum & denique μετὰ θάνατον ἄλυτον h. e. corpus eius post mortem in cineres non solutum iri. Familiari quoque apud omnes sermone increbrescit, quod ad hanc fidem firmandam

non

non parum facit, excommunicatorum cadavera, laxata, qua alligati fuerant, sententia, mox pati dissolutionem. Qua de caussa amici pro amore, quo erga defunctos, qui triste hoc subeunt infortunium, feruntur, τὸ ἀφέσιμον sive indulgentiam *solent impetrare, quam ad sepulchrum, fusis eiusmodi precibus, legit sacerdos, vt corpus a mali spiritus, quo intumuit, insessu liberatum, tandem subsidat, inque cineres resolvatur.* Die Gebehts-Formeln, welche der Bischof bey der absolution solcher vermeinten unverweslichen Cörper gebraucht, finden sich in dem *Euchologio* p. 684. Zu unsern Endzweck ist dieses hinlänglich, daß wir hieraus erkennen, theils die Gewohnheit der Griechischen Kirche, theils die alte Meynung der um Constantinopel wohnenden Christen, welche sie von den begrabenen Cörpern hegen. Es ist der Uhrsprung dieser Meynung aus dem Worte GOTTes gar nicht zu erweisen. Jedennoch ist diese Meynung so sehr bekannt, daß man bey vielen Scribenten Bericht davon findet. Ich beziehe mich nur auf nachfolgende Stellen und Schriften derselben:

CHRISTOPHORUS ANGELUS de *Statu ecclesiae Graecae hodierno.* Cap. XXV. p. 520. sqq.

D. IOANNES MICHAEL HEINECCIUS am berührten Orte (§. 4.) und in *Dissertatione de Absolutione mortuorum tympanicorum in ecclesia Graeca.*

CAROLUS du FRESNE in *Glossario mediae & infimae Graecitatis* p. 1621. & *Glossario Latin.* P. III. p. 22.

MA-

MANUEL MALAXUS in *Historia Patriarcharum Constantinopolitanorum* apud *MARTINUM CRUSIUM* L. II. *Turco-Graeciae* p. 27. sq.

GEORGIUS FHELAVIUS in *Annotatis ad Christophori Angeli librum*, latine a se conversum p. 157. sq. ed. Francofurt. 1655. 12.

GREGORIUS MELISSENUS in *Apologia pro Concilio Florentino* p. 432. To. XIII. Conciliorum.

PAULUS RICAUT in *the History of the present state of the Ottoman Empire* L. II. c. XIII. p. 58.

LEO ALLATIUS in *epistola ad Paulum Zachiam de Graecorum quorundam opinationibus* p. 151. & de *Consensu utriusque ecclesiae in doctrina de purgatorio* §. 5. p. 38.

MSR. de la CROIX dans *l'Etat present des nations & eglises Grecques, Armenienne & Maronite* L. I. c. 16.

IACOBUS GOAR ad *Euchologium* p. 688.

Henrich *MAUNDRELL* in Reise-Beschreibung des Heiligen Landes a. 1700. 8. Hamburg p. 204. Das Buch ist zuerst in Englischer Sprache geschrieben, welche Herausgabe mir aber nie zu Gesichte gekommen ist.

Ob *IOHANNES COVEL* in *Account of the Greck Church*, so a. 1722. fol. zu Londen herausgekommen, etwas hieher gehöriges beybringe, kan ich nicht sagen, weil ich nur davon den Auszug in *Actis Eruditorum Lips.* a. 1723.

a. 1723. M. Nou. p. 473. sqq. gelesen, das Buch selbst aber nie durchwandert habe.

§. VI.

Daß die Engel sich von dem Bluhte, so wohl der Opfer als insonderheit der Thiere, sättigen und erquicken, ist eine uhralte Heidnische Meynung. Denn die meisten Völcker opferten das bluhtige Fleisch der Thiere, auch einige die Theile des Cörpers der Menschen; wusten aber von der Einsetzung und dem wahren Grunde der Opfer nichts. Damit sie dennoch etwas mehr als nichts sagten, gaben sie unter andern diese Ursache, warum man opfern müste, an, nemlich daß die Engel oder Mittel-Geister müsten gespeiset und mit Blut (b) erquicket werden. Zu dem Ende wurden die Geister nach den Quartieren der Luft, der Erde, der Gewässer, und der unterirrdischen Oerter eingetheilet. Insonderheit schriebe man viele Würckungen der Menschen und der Natur, wie nicht weniger die Unfälle und Kranckheiten selbsten, den Geistern zu. Man merckete aus der täglichen Erfahrung an, daß die Begebenheiten in der Welt nicht einerley Verhältnis gegen den Menschen hätten, sondern bald glücklich, bald unglücklich wären. Dieser Ausgang der Zufälle gab Gelegenheit, daß man die Geister in gute und böse theilete. In die Zahl derselben setzete man auch die Seelen der Verstorbenen. Viele Weltweisen standen in der Einbildung, daß die Seelen der verstor-

(b) Ich habe dieses anderst wo aus den Platonicis sonderlich erwiesen. *PORPHYRIUS* de *Abstin*, L. IV. p. 212.

storbenen Cörper sich annoch eine Zeitlang in ihren alten Quartier aufhielten. Der berühmte Jude *DON ISAAC ABARBANEL* (*) suchte dannenhero zu behaupten, daß die Seelen einige Monahte bey ihren Cörpern im Grabe zurück blieben, ehe sie aus den Fesseln derselben könnten losgewickelt werden. Zur Beforderung solcher vermeinten Loswickelung haben viele Völcker ihre Todten verbrannt und dem unzertrennlichen Geiste Raum geben wollen. Aus diesen Gedancken ist die Necromantia entstanden, wodurch einige Menschen den übrigen ihres Geschlechts die Einbildung eingeflösset haben, daß man die Seelen aus dem Grabe wieder hervorbringen könne. Dergleichen Wahrsagers bedienten sich vieles Rauchwercks und anderer Mittel, wodurch sie die Nerven der Leichtgläubigen in eine Entzückung und die Einbildungs-Kraft zur grösten Lebhaftigkeit brachten. Wenn dieses geschehen, so konnten sie die elenden, wie sie nur wolten, bereden. Insonderheit wurden dazu allerley Lieder und unverständliche Wörter (c) gebraucht, wodurch die Götter und Geister solten hervorgebracht, gebunden, (d) oder gelöset werden. Daher hiessen die

(*) In *Commentario ad Gen.* XXIII. v. 19. Conf. *PORPHYRIUS* l. c. p. 213.

(c) *ORACULA Zoroastris* v. 316. *AELIANUS Var. Hist.* L. II. c. 17.

(d) *ORACULA* eadem v. 310. sqq. *STANLEIUS* de *Philosophia Chaldaeorum* Sect. II. c. 25. sqq. *HESYCHIUS* in ἐφέσια γράμματα. *PETRONIUS* in *Satyrico* p. 201. *SUIDAS* p. 477. ed. Kusteri. *Fragmentum libri Enoch* apud *SCALIGERUM* in Eusebium nec non apud *IOANNEM ALBERTUM FABRICIUM* in *codice Pseudepigrapho V. T.* p. 179. sq.

die Wahrsagers ἐπαοιδοὶ, *incantatores*. Es findet sich hievon albereits ein Exempel bey den *HOMERO* in *Odyssea* L. XIX. v. 456. 457. *DIOGENES LAERTIUS* schreibet dergleichen Kraft den Persischen Wahrsagern zu in *Prooemio* p. 5. Die Psilli beschworen mit dergleichen Liedern die Schlangen und nahmen ihnen das Gift. Allein Jobus Ladolfus hat angemercket, daß die Giftnehmung gantz natürlich gewesen sey, und vermittelst des Krautes Aksazoe zu Wercke gerichtet worden. Vide *ACTA Eruditorum latina* a. 1682. p. 65. Die Babylonischen und Persischen Wahrsager brauchten zu ihren Beschwerungen eine gantze Reihe der Götter oder Geister, so von einander sollten entsprungen seyn. *DAMASCIUS* de *Principiis* §. 2. p. 258. sq. apud I. C. *WOLFIUM* To. III. *Anecdotorum Graecorum*. *HERODOTUS* L. I. c. 132. *STRABO* L. XV. p. 695. Insonderheit gebrauchte man viele Kräuter dazu, deren die kräftigsten in Colchide und Thessalia wuchsen. *CALLIERGUS* in *Scholio ad Theocriti Idyllion* II. p. 206. *VIRGILIUS* in *ecloga* VIII. & *Aen.* VII. v. 19. 20. VIII. v. 750. sqq. Die einsamen und der Einbildungs-Kraft gemäße Oerter wurden zu solchen Wirckungen ausgesucht. *AMMIANUS MARCELLINUS* L. XXII. p. 457. sq. Der vortrefliche Phavorinus zeigete zu seiner Zeit den Ungrund dieser Wahrsagungen durch die auserlesensten Beweis-Gründe, welche uns *GELLIUS* aufbehalten L. XIV. *Noctium Atticarum* c. 1. Man kann dabey nachsehen, was der scharffsinnige *Petrus BAELIUS* angemercket hat dans *la Continuation des Pensées diverses sur la Comete* To. I. §. 40. 43. p. 183. sqq. imgleichen *Cornelius AGRIPPA* de *Va-*

nitat

nitate *Scientiarum* c. 45. *MACHIAVELLUS* de *Republica* L. I. c. 12. p. 52. Die Possen der Babylonier und Perser (a) sind nachher von den Juden (b) eifrigst angenommen und mit den Lehren der Heiligen Schrift vermenget. Dieses gestehet ausdrücklich *REUCHLINUS* L. I. de *Arte Cabalistica* col. 3. wie denn der Augenschein solches deutlich entdecket, wenn man die Bücher *Sohar*, *Bahir*, *Raia Mehimna*, *Sitre thora*, *Midrasch*, *Haneëlam*, *Idra Rabba* und andere, so *CHRISTIANUS KNORRE*, der Freyherr von Rosenroht, in der *Kabbala nudata* herausgegeben hat, durchlieset: Der Uhrsprung solcher Träume, so aus den Pfützen Babels und Egyptens, wie auch des phantastischen Platonis, entsprungen sind, haben nachhero grosse Verehrer gefunden an dem Johanne Carolo Saraceno, Pico Mirandulano, und insonderheit dem Paracelso, der auch viele alte Wörter bey der von ihm verbesserten Scheide-Kunst aufbehalten hat. Aus dem Paracelso und der Chimie ist die Theologie des *IACOB BOEHMENS*, und anderer entstanden. Man findet durchgehends, daß alle diese Leute viele Geister und Götter angeben, um die Würckungen der Natur und ihrer Kunst-Griffe zu erklären. Es ist auch weit leichter, alle Schwürigkeiten, so sich bey den Begebenheiten der Natur äussern, durch die Lehre von den Geistern

(a) vide *MICHAELIS PSELLI Dialogum* de *Operatione daemonum* et *THOMAE STANLEII* librum de *Philosophia Orientalium*.

(b) Dis erhellet aus der Cabbala Practica Chr. Gersons Jüdischen Talmud, Eisenmengers entdeckten Judenthum 2c.

stern zu heben, als solche durch die ausführliche Erklährung der Kräffte, welche durch die Bewegung der Cörper zur Würckung fortgehen, auszumachen. Dieses wuste der Weltweise Thales gar wohl, welcher alles mit Geistern erfüllete, damit er so fort einen zur Hand hätte, wenn ihm ein schwerer Knote aufzulösen vorfiel. Jedennoch will ich auch eben nicht läugnen, daß die Lehre von den Geistern, wenn sie erst besser eingerichtet seyn wird, einem Christlichen Weltweisen gar bequeme Hülffs-Mittel an die Hand geben könne, aus welchen sich die Neigungen der Gemüther und andere natürliche Umstände eines theils werden erklähren lassen. Es sind aber diese Dinge vorher auszumachen und fest zu setzen, bevor die Lehre von den Geistern in eine gäntzliche Form der Wissenschaft sich bringen läst. Sichere Erfahrungen, deutliche Schlüsse, und eine gründliche Auslegung der schwersten Stellen aus dem Worte GOttes, werden hieselbst die Haupt-Sache ausmachen. Die Windmühlen-Geister und sanft-sausenden Einbildungs-Winde müssen zuvor weggewehet und ausgetrieben werden.

§. VII.

Wenn man demnach die Geister wegen der Entscheidung dieser Frage zu Hülfe ruft, so kommt man leichtlich mit der Auflösung der an Menschen und Viehe in Servien geschehenen Bluht-Aussaugung fort. Es kommt nur auf diese vorausgesetzte Umstände an, daß man glaube, wesmassen

1) Die Aussaugung des Bluhts würcklich von aussen oder innen geschehen sey:
2) Der Geist des Verstorbenen sich in und um seinem Leibe eine zeitlang aufhalte, oder dieses Geschäfte einer von den bösen Engeln verrichte:
3) Dieser Geist das Blut den lebendigen aussauge, und in die Cörper, so in den Gräbern liegen, hineinbringe.

§. VIII.

Wenn man sich hierbey aus den Evangelisten erinnert, daß der Teuffel dürre Oerter suche, sich an einem Orte lieber aufhalte als an einem andern, in den Gräbern zu seyn Lust habe, und die Menschen gern plage, sonderlich, wenn sich die Säfte des Menschen und die Einbildungs-Kraft desselben dazu schicken: so scheinet es, daß man man auf einmahl allen Schwürigkeiten entgangen sey, zumahl wenn man mit dem Herrn von Leibnitzen, (a) mit dem Herrn Georg Bernhard Bülffingern (b) wie auch Trichorio (c) und Herrn Israel Gottlieb Cantzen (d) sich beredet, daß alle Engel mit einem subtilen Leibchen umkleidet seyn, der sich nach den Willen derselben Geister bewege. Ich sehe, daß auf diese Weise der Herr Verfer-

(a) *Theodicaeae* §. 124.
(b) In *Dilucidat. philosoph.* §. 245. 366. *Commentat. Hypothet. de Harmonia praestabilita* §. 264.
(c) In *Ochematologia* quae exstat in *Museo Bremensi* Vol. II. P. I. p. 114. sqq.
(d) De *civitate Dei* Sect. I. c. 3. p. 156. sqq.

fertiger W. S. G. E. seine *curieuse* und sehr wunderbahre *Relation* von denen sich neuer Dingen in Servien erzeigenden Blutsaugern oder Vampyrs auflöset. Ich muß zugleich gestehen, daß der gedachte Herr Scribent in seiner Schreib-Art munter und angenehm, wie auch in seinen Gedancken deutlich und aufgekläret, sey.

§. IX.

Es stellet sich aber dabey dieses und jenes in meinen Gedancken vor. Denn vor das erste kommt es mir alzu freundschaftlich vor, wenn man von einem Vampyr berichtet, daß er aus dem Grabe zurück gekommen, sich zu seiner hinterlassenen Fraue gemacht, und eine solche Besuchung derselben erwiesen, daß sie davon zu gehöriger Zeit den Segen mit Händen greiffen können. Es ist mir immer leyde, daß dieser Geist einen Leib besessen habe, welcker nicht subtil gnug gewesen. Gewißlich, es ist nicht erlaubt zu gedencken, daß dergleichen Geist ohne Fleisch und Beine sich befunden. Mir deucht, daß dieser Umstand aus den Erzehlungen von den Vampyrs ausgemertzet werden müsse, wenn wir uns sonst nicht in tausenderley Zweifels-Knohten verwickeln wollen. Jedennoch fallen mir annoch andere Umstände bey, so sich nicht gar wohl zu der Gewalt des Satans schicken. Denn es wird wohl keiner sagen, daß der Satan das Bluht aus den geängstigten Leibern fortgebracht habe, also, daß man nicht den geringsten Tropfen von aussen an ihnen wahrgenommen. Man sucht sich dadurch zu helffen, daß der Satan den HErrn JEsum in der Versuchung durch die

Luft geführet habe. Allein von dieser Luftführung stehet in den Evangelisten nichts. Das Wort *παραλαμβάνειν*, zu sich nehmen, mit sich in der Gesellschaft fortbringen, hat nirgends einige Anzeigung in sich, daraus man dergleichen Leichtführung (e) schliessen könnte. Die Stellung auf die Zinne des Tempels könnte vielleicht zu der Luftführung etwas beytragen, wenn nur ausdrücklich gemeldet wäre, daß man auf die Ercker oder Auslagen, dergleichen viele in dem Tempel oder vielmehr auf den Mauren des Tempels waren, nicht habe gehen können. Zum wenigsten bleibt solche Luftführung ungewiß. Gesetzt aber, daß solche wahr ist, so kan man doch nicht vermuthen, daß der Satan den Leib des HErrn JEsu werde unsichtbahr gemacht haben, angesehen es zu den Wunder-Wercken des Heilandes gehört, daß er die Augen der Zuschauer also hat halten, oder seinen Leib also hat einrichten können, daß ihn bey einigen Begebenheiten am hellen Tage die umstehenden nicht gesehen. Und woher weiß man, daß den Krancken, so keinen Bluhtsauger gesehen, würcklich einiges Bluht sey abgesogen worden? Ich bin gewiß, daß, wenn man die krancken Persohnen gewogen hätte vor und nach dem vermeinten Bluhtsaugen, das Gewichte dem Abgange einiges Bluhts würde wiedersprochen ha-

(e) *PHILIPPUS CAMERARIUS* in *Operis Horarum subsecivarum* Cent. I. cap. 72. p. 334. *Nusquam uno verbo innuitur vel legitur in sacris literis, Christum a Diabblo raptum aut vectura traductum per aërem.* *FRIDERICUS HOFFMANNUS* in Diss. *de Diaboli potentia in corpora* §. 6. p. 376.

haben. Und wozu gebraucht der Satan das Bluht? Warum nimt er das Bluht der enthaupteten Menschen, oder der abgestorbenen Thiere nicht zu sich? Wer über das Bluht des Menschen, so annoch im Leibe ist, Macht hat, der hat auch über das Leben selbst Macht, denn das Leben des Leibes bestehet in circulirendem Bluhte. Leben wir, so leben wir dem HErrn. Der Heyland hat den Schlüssel des Lebens und des Todes. Wer will diesen Schlüssel dem Satan zuspielen? Darf auch der Satan den Menschen tödten ohne Zuthun der Creatur und der Menschen? Hat man denn nicht frisches Bluht in todten Cörpern sonst angetroffen, wo man von keinen Vampyrs weiß? Warum läst man sonst in dergleichen Fällen den natürlichen Ursachen den Ausschlag? Sollte denn der Satan die Cörper viele Wochen ausser der Verwesung erhalten können, da es ein so grosses Wunderwerck ist, daß der Heyland bis in den dritten Tag die Verwesung nicht gesehen oder empfunden? Ist etwa der Satan mächtiger? Oder wollen wir Christen etwa selbst die Gründe der Christlichen Religion baufällig machen, damit wir eine nicht gnugsam beschriebene Historie von den Bluhtsaugern in Servien vernünftig erklähren können?

§. X.

Vielleicht dürfen wir auf die Meynung gerahten, daß die Seele des Verstorbenen Bluht sauge. Allein es läst sich auch dieses nicht reimen. Denn ist die Seele ohne einem subtilen Leibe, so sehe ich nicht, wie sie saugen könne. Durch einen allmächtigen

tigen Willen mag sie solches nicht erreichen, weil sie dieselben nicht besitzet. Ist sie aber mit einem subtilen Leibe umhüllet, so wissen wir dennoch aus der Historie von dem reichen Manne und Lazaro, daß die Seelen der Frommen so fort nach dem Tode des Leibes von den Engeln in Abrahams Schoos getragen werde; die Seelen aber der Gottlosen zur Pein und Flamme fortgebracht werden, ohne einige fernere Verwesung in den Gräbern. Seelig sind die Todten, die in dem HErrn sterben, von nun an.

§. XI.

Ich hoffe nicht, daß jemand GOttes unmittelbahre Würckung ins Spiel ziehen und zu Hülffe ruffen werde. Denn zu welchem Ende sollte der Liebhaber des Lebens solche nichtige Würckung unmittelbahr verrichten, daraus für seine Ehre nicht der geringste Beytrag erwächset? Die unmittelbahren Würckungen GOttes heben die Gesetze der Natur auf und sind Wunderwercke. Diese geschehen nur aus den wichtigsten Uhrsachen, dergleichen sich keine bey dieser Historie von den Vampyrs anbringen läst.

§. XII.

Es sind Leute, welche sich zu den andächtigen gesellen, und mit dieser Anmerckung von den Wunderwercken gar nicht zufrieden sind. Denn indem sie ihr gantzes Thun und Lassen zu Wunderwercken machen; können sie nicht wohl leiden, wenn man sich beschwert befindet, jede Würckung, so dem Reiche der Natur oder der Gnaden gemäß ist,

für

für ein Wunderwerck zu halten. Denn, was sie sagen, das muß von Himmel herab geredet seyn. Allein, wenn wir auf ihr Ende und auf ihre Absicht acht geben, so befinden wir, daß ein Ungehorsam gegen GOtt und dessen heiliges Wort zum Grunde liege. Dieser Ungehorsam äussert sich entweder im Willen und in den Begierden, oder aber in dem Verstande. Den Ungehorsam, der in den Begierden lieget, erkennen wir daher, wenn die Menschen, so wunderthätige Würckungen von sich vorgeben, ihre sündlichsten Wercke dahinter verbergen wollen. Welche Heiligkeit, und welche wundervolle Marckschreyerey gab der Jesuite, Pater Girard, nicht vor kurtzer Zeit von sich und seiner Geliebten aus? Aber wie schlecht war der Ausgang, als die Scheinheiligkeit und Heucheley an das Licht gebracht wurde? Die Sache ist so deutlich zu Tage gelegt, daß jedermann erkannt hat, wie die gantze Scheinheiligkeit nicht allein gar natürlich, sondern auch ungewissenhafftig, zugegangen sey. Dergleichen Exempel finden sich häuffig angebracht und zusammengesammlet in den Dissertationibus academicis, so unter dem Vorsitze des Herrn Hofraths Gottlieb Samuel Treuers vor einigen Jahren, und zwar unter dem Titel: *De Imposturis sanctitatis titulo factis*, zu Helmstädt herausgegeben (*) sind. Ich erinnere mich hiebey der Buttlerischen- und Winterschen-Rotte, so von nichts als Wunderführungen GOttes rühmete

(*) Deßgleichen hat derselbe a. 1725. die Dissertation herausgegeben unter dem Titul: *De sanctitate vitiorum pallio.*

mete und dennoch in den ärgsten Lüsten (a) des Fleisches lebete, welche mit der hochgepriesenen Vollkommenheit gar nicht übereinkamen. Es finden sich davon die *Acta iudicialia* bey dem *CHRISTIANO THOMASIO* im III. Theile seiner gemischten Händel. Dergleichen Thorheiten hat *GICHTEL* mit seiner Magd auch begangen, wie sein eigener Ordens-Bruder Michelman zu Berlin a. 1716. nicht in Abrede seyn können. Man könnte nähere Exempel von dergleichen Wunderthätigkeiten anführen, wenn diese nicht hinlänglich schienen.

§. XIII.

Es giebt annoch eine Art des Ungehorsams gegen GOtt im Verstande, welcher sich dennoch der Wunderwercke rühmet. Denn es sind Menschen, welche die Gabe der Göttlichen Lehr-Offenbahrung ihnen anmassen, und das Wort GOttes als unzulänglich zur Seligkeit, sonderlich für die Vollkommenen, ausgeben, auch sich wegen der vermeinten Feuer- und Geistes-Tauffe, desgleichen anderer Apostolischer Gaben, Apostolische nennen. Diese sind dem reichen Manne in der Hölle gleich, welcher nicht zufrieden war mit dem Rahte GOttes zu der Seeligkeit der Menschen, und deswegen

(a) So machtens auch die Gnostici in ihrer mystischen Verbrüderung und Verschwesterung. *MICHAEL PSELLUS* in *Dialogo de operationibus daemonum* p. 30. sqq. Von den Arianern schreibt *VINCENTIUS Lirinensis* in Commonitorio I. §. 6. *Tunc temeratae coniuges, depullatae viduae, profanatae virgines.*

wegen Wunderwercke begehrte, dadurch seine Brüder erretet werden sollten. Aber wie lautete der göttliche Bescheid? Er lautete also: Sie haben Mosen und die Propheten, laß sie dieselben hören. Hören sie Mosen und die Propheten nicht, so werden sie auch nicht gläuben, ob jemand von den Todten auferstünde. Luc. XVI. 29. 31. Was will man mehr, wenn die heilige Schrift uns unterweisen kann zur Seeligkeit durch den Glauben an Christo JEsu, daß ein Mensch GOttes sey vollkommen zu allen guten Wercken geschickt? 2. Tim. III. 15. 17. Ist auch ein anders oder verschiedenes Evangelium, wodurch wir selig werden sollen, zu hoffen? Ich erinnere mich der Worte (b) des Apostels Pauli Gal. I. 6. 7. 8. Mich wundert, daß ihr euch so bald abwenden lasset von dem, der euch berufen hat in die Gnade Christi, auf ein ander Evangelium, so doch kein anders ist; ohne daß etliche sind, die euch verwirren und wollen das Evangelium Christi verkehren. Aber so auch wir, oder ein Engel vom Himmel, euch würde ein Evangelium predigen, anders, denn das wir euch geprediget haben, der sey verflucht. Zu was Ende sind nun neue Wunder-Wercke und neue Eingebungen der himmlischen Lehren von nöhten? Oder darf man etwa mit Gichteln Teufels-Lehren (a) für geoffenbahrte Wahrheiten ausgeben? Ists etwa erlaubt,

(b) In gleichen Falle schärfet *VINCENTIUS Lirinensis* diese Worte ein in *Commonitorio* I. §. 12. p. 24. 25. ed. Rom. 1731. 8.

(a) 1. Tim. IV. 1. 2. 3.

daß wir mit Gichteln die Ordnung, so GOTT in seinem Worte vorgeschrieben, dem Welt-Geiste (b) zuschreiben? Wer ist der Welt-Geist? Gichtel antwortet, daß es der Werck-Meister alles Bösen, und der Versucher der ersten Eltern, Christi, und aller Gläubigen sey. (c) Wie? folget nicht nach Gichtels Meynung hieraus, daß der Satan die heilige Schrift (d) eingegeben? Sollte GOtt zur Behauptung solcher Lehre und zu solchem Ungehorsam des Verstandes auch Wunder-Wercke ausüben? Ist die Heilige Schrifft hinlänglich zur Erlangung der Seeligkeit und der Vollkommenheit, warum soll man denn neue Wunder-Wercke, so zur Fortsetzung neuer Lehr-Offenbahrungen erfordert werden, durch alle Jahrhunderte des Neuen Testaments ansetzen? Und dennoch ist dieses des *GOTFRIED ARNOLDS* Haupt-Sache, so wohl in der (**) Kirchen- und Ketzer-Historie, als auch insonderheit in der Beschreibung der Mystischen Theologie. Soll auch GOtt Wunder-Wercke thun zu Unterhaltung und Bestätigung einiger Atheisterey? Kan sich auch GOtt selbst verläugnen, der nicht lügen kan, und der die Wahrheit selbst ist? Ists nicht eine Atheisterey, wenn man GOtt in ein cörperliches,

(b) *Theosophische Send-Schreiben Th. III.* p. 228. Th. IV. p. 50. 67. 77.

(c) Th. I. p. 137. 249.

(d) *METENBERG* in den Tiefen des Satans p. 236. sqq.

(**) Der Herr Baron von Puffendorf sagte zum Könige, daß dis Buch heissen müste: Arnolds tausend Lügen.

ches, materielles und theilbares Wesen (*) verwandelt? Macht man nicht GOtt zu einem solchem Wesen, wenn man die Wiedergebuhrt ansiehet, als eine Einsenckung eines Theils des göttlichen Wesens in die Seele, welchen neuen überkommenen Theil man *Sophiam*, die *Tinctur*, Christum in uns, 2c. zu nennen pfleget? Macht man nicht GOtt zu einem solchen Wesen, wenn man eine jede Seele als einen Theil GOttes ansiehet? Ist es nicht eine Abgötterey, wenn man einen GOtt anbetet, der der wahre und untheilbare GOtt nicht ist, sondern ein Hirn-Gespinste? Verwandelt man nicht die Creatur in GOtt, wenn man durch die Wiedergebuhrt einen wesentlichen Saamen GOttes und ein Stück der Gottheit in die Seele empfängt, auch vermeinet, daß die Seele (***) in GOtt verwandelt werde? Ich erinnere mich der Worte Pauli, Rom. I. 22. 23.

(*) Als Apollinaris solche Gedancken von GOtt hegete, wurde er von allen Rechtgläubigen verabscheuet. *VINCENTIVS LIRINENSIS* in *Commonitorio* B. §. 17. p. 37. *Ipsam verbi naturam putabat* Apollinaris *esse discissam, quasi aliud eius permaneret in Deo, aliud vero versum fuisset in carnem.* B. §. 18. p. 39. *Mutabile non est verbum Dei, ut ipsum verteretur in carnem.*

(***) Es können dennoch dergleichen Irrthümer bey gewissen Persohnen, so sich dem höchsten GOtte gänzlich übergeben und ihm zu gehorsamen suchen, an der Seeligkeit keinen Schaden thun, denn JEsus für sie bittet: Vater! vergieb ihnen, denn sie wissen nicht, was sie thun. *MISCELLANEA LEIBNITIANA* p. 243. sqq. Jedoch erinnere ich mich auch der wahren Aussprüche Matth. V. 19. Gal. V. 12. Eph. V. 6. 9. 10. VI. 17.

Da sie sich für weise hielten, sind sie zu Narren worden, und haben verwandelt die Herrlichkeit des unvergänglichen GOttes in ein Bilde, gleich dem vergänglichen Menschen. Gichtel, der Anfänger des Jacob Böhmens, hätte billig einsehen sollen, daß Böhme die Welt selbst, und die Kraft derselben, für GOtt halte. Denn was heissen die Worte in Mysterio magno c. l. n. 2. p. 2717. GOtt ist ein ewig Nichts, er ist vor der Schöpfung nichts, nach der Schöpfung aber alles. (e) Der berüchtigte *CONRAD DIPPEL* spottet, aus diesem Ungrunde, der Schöpfung aller Dinge aus nichts. Der berühmte Weltweise *RUDIGER* beschreibt die Schöpfung, als eine Würckung aus unausgedehnten Theilen, welches die integrantes nach seiner Meynung sind, so von keiner Creatur getheilet werden können. Diesen Herrn gefällt des Benedicti Spinozae (*) Meynung, daß die Würckungen GOttes allezeit immanentes seyn. Dahero kommt es, daß man die Nicht-Zurechnung unserer Sünden und die Zurechnung des Verdienstes Christi, so doch in der Göttlichen Wahrheit gegründet ist, herdurch ziehet, und dagegen den Einfluß der selbst-

stän-

(e) I. F. *BVDDEVS* de *Atheismo & superstitione* c. II. §. 5. p. 519. *Isagog. theolog.* L. II. c. 7. p. 1371. I. C. *WALCHIVS* Einleitung zu den fürnehmsten Religions-Streitigkeiten p. 640. sq.

(*) Conf. I. F. *BVDDEI Diss. de Spinozismo ante Spinozam CVDWORTH Intell. system.* p. 377. sqq. *HISTOIRE VNIVERSELLE depuis le commencement du monde, jusqu' à present* To. I. a la Haye 1732. 4. p. 10. sqq.

ständigen Gottheit in die Seele den Leuten anpresset, nach Art der meisten, und zwar unreinen, Mysticorum. Daher verwirft man die Würckungen der Sacramenten, und macht blosse ohnmächtige und todte Zeichen daraus. Dis ist der Inbegriff der Schrifften des *TENHARTS*, des *TOBIÆ EISLERS*, und anderer ihres Gelichters, worunter ich auch rechne die **Betrachtung von der Wiedergebuhrt über die Worte Christi** Joh. III. 3. so einem gottseeligen und erfahrnen Lehrer zugeschrieben, und nebst den **Kennzeichen der wahren Wiedergebuhrt** von T. E. a. 1731. 8. zu Heimstädt herausgegeben worden. Denn darinn wird die **Zurechnung** des Verdienstes Christi der **Einbildung** zugesellet p. 20. die Wiedergebuhrt wird für eine **wesentliche Gebuhrt aus GOttes** (**) **Wesen**, dergleichen Christi ewige Gebuhrt vom Vater ist, gehalten p. 24, 25, 27. Der einfältige Mann läugnet, daß die Kinder in der Tauffe wiedergebohren werden, und nennet diese Meynung eine **Einbildung**, die man den Einfältigen vormache p. 28. Der Spruch Joh. III. 5. wird erklährt von dem Buß- und Thränen-**Wasser**, und von dem **Winde**, der das gewaschene trocknet p. 40. Er setzt p. 43. daß die äussere Wasser-Tauffe, und also auch die Kinder-Tauffe, nur ein Denckmahl sey der geistlichen Wiedergebuhrt, Wenn nun solche Lehrer öffentlich anderst lehren als (f) heimlich, und sich be-

(**) Man beziehet sich disfals auf die Particul ἐκ, aus. Aber bedeutet diese allzeit causam emanantem & materialem?

(f) *VINCENTIUS* Lirinensis in Commonitorio I. §. 26.

beständig wiedersprechen, sind sie denn nicht Heuchler vor GOtt und vor der Welt? Aber aus dem Atheistischen und Spinosistischen Grunde können keine andere Früchte erwachsen. Der Leser wird schon längst gedacht haben, daß dieses den Vampyrs nichts angehe. Allein es wird mir derselbe hoffentlich erlauben, daß ich die Grund-Sätze des drey-köpfigten Welt-Geistes erst anzeige und beleuchte, damit ich desto ungehinderter fortgehen, und von denen Hermetischen Christen keiner ungegründeten Sätze beschuldiget werden könne. Denn es ist nichts gemeiners, als daß die Scheinheiligen, so mit des Spinozä Meynungen den Grund des Christenthums anitzo hie und dort umwühlen, die wahre Weisheit, so sich auf das Licht der Vernunft und des Göttlichen Worts stützet, verdächtig machen (g) und auszureuten gedencken.

Das

p. 64. sqq. *Audias quosdam ipsorum dicere: Venite, o insipientes & miseri, qui vulgo Orthodoxi vocitamini, & discite fidem veram; quam praeter nos nullus intelligit, quae multis ante saeculis latuit, nuper vero revelata & ostensa est: sed discite furtim & secretim; delectabit enim vos. Et item: Quum didiceretis, latenter docete, ne mundus audiat, nec Ecclesia sciat: paucis namque concessum est, tanti mysterii sensum capere. Nonne haec verba sunt illius meretricis* Prov. IX. 4.-16. 17. 18.

(g) Auf gleiche weise suchten die Donatisten ihre irrigen Lehren zu unterstützen. *POSSIDIUS* in *Vita Augustini* c. 7. p. 22. ed. Ioannis Salinae Neapolitani Romae 1731. 8. *OPTATUS Milevitanus* L. II. n. 4. So machtens auch die Arianer. *VINCENTIUS LIRINENSIS* in *Commonitorio* I. §. 6. p. 11. ed. Rom. 1731. 8. Insonderheit zogen sie mit List und Schmeicheley

Dagegen habe ich denselben den eigenen Ungrund vorlegen müssen, ob sie etwa nüchtern, vernünftig und christlich werden wollen.

§. XIV.

Es werden vielleicht einige gedencken, daß die Cörper derjenigen, welchen man die Bluhtsaugung zuschreibet, nicht wahrhaftig todt gewesen, als sie begraben worden. Man lieset in einem Slavischen Jahr-Buche (a) bey dem Lindenbrogio, daß ein Schüler in Lübeck anno 1367. sieben Jahr in einem Stücke weggeschlaffen, ehe er wiederum aufgewachet ist. Die Worte sind diese: *Anno Domini* 1367. *Scholaris quidam in civitate Lubicensi in hospitio quodam receptus, in platea molendinaria, dormivit per integrum septennium, tam fortiter, quod suscitari non potuit, sed postea evigilans, supervixit multis annis.* Daß der Geheimte Würtzburgische Raht und Historien-Schreiber Johann Georg von Eckart vor seinem Ende sieben Tage nach einander geschlaffen habe, und darauf, voll von Mattigkeit wiederum erwachet sey, ist eine gar bekannte Sache. Ein gewisser Gärtner in Schweden, der einen andern aus den Wasser retten wollte, versunck nebst demselben in ein eiskaltes Wasser, erstarrete so fort, und, nachdem er sechszehn Stunden lang darin aufrecht geblieben, wurde

er

cheley die Hof-Leute und Bedienten des Kaysers Constantii an sich, und machten alle ehrliche und gelehrte Leute verdächtig. *GREGORIVS NAZIANZENVS Invectiva I, in Iulianum.* Sie zogen auch den Kayser an sich. *VINCENTIVS* l. c.

(a) *Incerti auctoris Chronica Sclavica* p. 226.

er herausgezogen, mit Tüchern umhüllet, an einem gelinden Feuer erwärmet, und also wiederum zum Leben gebracht. Ein Weib, so in gleichem Zustande drey Tage unter dem Wasser gestecket hatte, ingleichen ein Jüngling, so in der siebenden Woche erst aus dem Wasser gezogen worden, sind auf gleiche Weise wiederum zum Leben gebracht. Die drey letzten Zufälle haben den Gelehrten allerley Untersuchungen veruhrsachet, wie aus den *Ephemeridibus naturæ curiosorum Decad. I. ad annum* 5. weitläuftiger zu ersehen ist. Man kan leichtlich abnehmen, daß die Bewegung des Geblüths in den äusserlichen Theilen des Leibes aufhören, und in den innern Eingeweyden sehr langsahm werden könne, so bald die Ausdünstung gehemmet wird, und die Luft-Löchleins in der äussern Haut verschlossen werden. Dergleichen Zustand ist als ein Zwischenstand zwischen dem Leben und dem Tode anzusehen. Dennoch erhellen hieraus verschiedene Wahrheiten: 1) Denn es läst sich hieraus abnehmen, daß ein Cörper ohne Speise und Tranck, und zugleich ohne Tod, fortdauren könne: 2) Daß man nicht leicht einen jeden todescheinenden für einen würcklich todten (b) halten solle: 3) Daß auf gleiche Weise die Taxe, Murmelthiere, Schwalben, Schrödter und dergleichen Thiere des Winters schlaffen, und zu solchem Ende sich tief unter die Erde oder ins Wasser, und hohle Bäume, wohin die Luft keinen starcken Zugang hat, verstecken und vergraben. Ich erinnere mich,

(b) Hierbey verdient gelesen zu werden das vernünftige und herrliche Consilium des D. SPENERS Part. III. Consiliorum Germ. p. 120. sq.

mich, daß ich eine Ehe-Frau, so am hitzigen Fieber und passionibus hystericis darnieder lag, a. 1719. 6. Octobr. in 24. Stunden unbeweglich, und ohne alle Zeichen einiges Othem-hohlens aufgerichtet im Bette sitzen gesehen. Es ist auch in sicherer Nachricht gegründet, daß vor einigen Jahren in dem Dorfe Blanckenau bey Corvey einem Manne schon sey zu Grabe geläutet, da er sich wieder ermuntert und dem bey ihm stehenden Tischer eine sonderbare Mine gemacht. (c) Wenn man aber die Berichte von den Vampirs erweget, so befindet sichs, daß die äusserste Theile schon von der Fäulnis bey einigen angegangen gewesen (§. 2. n. 1.) Es ist auch leichtlich zu erachten, daß man von so vielen Leichen, welche bey der Aufgrabung in einem Vampir-Stande angetroffen worden, nicht wohl sagen könne, daß sie alle annoch in dem Zwischenstande des Lebens und Todes begraben worden.

§. XV.

Es haben sich einige gefunden, welche, um diese Erzehlungen von den Vampirs aufzulösen und verständlich zu erklähren, zu dem Welt-Geiste ihre Zuflucht genommen haben. Wir wollen erst erwegen, was der Welt-Geist sey, und welcherley Würckungen ihm zugeschrieben werden können.

(c) Mehrere Exempel von dieser Art finden sich in *THEODORI KIRCHMEIERI* Diss. *de hominibus apparenter mortuis*, Witteb. 1669. 4. D. Michaël Alberti in Diss. de *Resuscitatione semimortuorum medica* §. 5. Hieronymus Jordanus *de eo, quod divinum est in morbis humani corporis* c. 42.

Wenn der Welt-Geist den Satan und die bösen Engel bedeutet, so ist die Sache albereit entschieden. (§. 9.) Verstehet man dadurch den höchsten Geist, der die Welt regiert, so ist die Antwort auch auf diesem Fall schon beygebracht. (§. 11.) Allein es soll der Welt-Geist annoch ein anderes Ding seyn. Christian Thomasius nannte ihn den *astral-*Geist, und wollte ihm eine anziehende Kraft, wegen eines Versuchs, der mit der Luft-Pumpe gemacht wird, zuschreiben. Allein der Tübingische Mathematicus *IOH. CASPER FUNCCIUS* hat gar (*) geschickt erwiesen, daß dieser Beweis unrichtig sey. Denn wenn ein Luft-leerer Raum durch die Kunst gemachet wird, und man darauf eine Oefnung macht, fällt die Luft wiederum zu dem Loche hinein, und reisset dasjenige mit fort, was durch die Kraft derselben fortbeweget werden kan. Es wird demnach der Finger, den man bey der Eröfnung an den Luft-leeren Raum hält, nicht angezogen, sondern von der einfallenden Luft hineingedrücket. Denn so bald die Luft ausser dem wagerechten Stande gesetzet ist, entstehet eine Bewegung und Ausbreitung, welche wir den Wind zu nennen pflegen. Der grosse Thomasius hat dieses nachhero selbst erkannt, und seine Gedancken vom Wesen des Geistes verworffen.

§. XVI.

Jedennoch hat sich unter seinen Schülern der bekannte D. *ANDREAS RUDIGER* gefunden, so von den Geistern fast gleiche Gedancken geheget hat,

(*) In kurtzen Anmerckungen über Thomasii Versuch vom Wesen des Geistes, Tübingen 1701. 8.

hat, als Thomasius in dem Buche vom Wesen des Geistes. So viel ich aus des Rüdigers Lehren und den Erklährungen, so er darüber gegeben hat, erkenne, befinde ich, daß er zu jeder Würckung eine Berührung, so in einem cörperlichen Puncte geschiehet, erfordere. So bald wir nun dieses zugeben, folget weiter, daß auch die Seele aus zusammengesetzten Theilen bestehe, weil sie, nach des Herrn Rüdigers Meynung, in den Leib würcket, und der Leib wiederum seine unmittelbahre Würckung der Seele eindrücket. Daher denn dieser berühmte Mann dahin verfallen ist, daß er ausdrücklich gelehret hat, weßmassen die Seele aus ergäntzenden Theilen bestehe, und nur durch eine sonderbahre Gnade GOttes unsterblich sey. Es wird manchem wunderlich scheinen, wie man auf diese Weise die Erschaffung aller Dinge, so fern durch solche das mögliche, so nicht würcklich war, zur Würcklichkeit gebracht worden ist, erklähren könne. Denn wie kann man in dem, so nicht würcklich ist, ein punctum physicum finden, durch dessen Berührung die Würckung zu Stande gerichtet sey? Dieses hat der Herr Rüdiger auch selbst wahrgenommen, und deswegen kam es ihm bedencklich für, den gewöhnlichen Begriff, den wir von der Schöpfung haben, beyzubehalten. Es beliebte ihm demnach seine Meynung also auszudrücken, daß die Schöpfung in einer Darstellung der ausgedehnten Theile bestehe, welche vorhin nur ergäntzende oder integrantes waren. Wir wollen ein Exempel geben. Die kleinsten Eierchens eines Saamen-Körnleins bestehen aus ergäntzenden

Theilen. So bald diese Theilchens die ausdehnende Kraft äussern, und gleichsam gesten, werden sie grösser, und werden durch die Ausbreitung von innen, und durch Ansetzung der Theile von aussen, ausgedehnet. Dergleichen Ausdehnung nennet der Herr Rüdiger (*) eine Schöpfung. Auf gleichen Schlag erklähren die Mystischen Theologi das Werck der Bekehrung. Sie sagen, es werde ein Theil GOttes in die Seele eingesenckt, welcher eine Gästung oder Gährung veruhrsache, dadurch die wiederstrebenden und todten Theile der Seele abgesondert, versetzet und gereiniget würden: nach geschehener Verwirrung und Gährung, so sie die Reinigung und Busse nennen, entstehe ein heller Schein, und darauf eine Ruhe, welche sie die Hochzeit des Lamms und Vermählung mit der *Sophia* nennen: und würde die Gährung oder Entgröbung und Abtreibung der Schlacken so oft wiederhohlet, als sich wiederum wiederstrebende und todte Begierden, so sich in der groben Welt beruhigen wollen, anfinden. Man braucht hiebey des Verdienstes Christi nicht. Denn der Theil (a) GOttes, der nach einiger Meynung, wie eine Perle im Acker, schon in Ungläubigen und Heyden zugegen ist; nach anderer Vermuthung aber erst muß eingeflösset werden; ist schon der selbstän-

(*) In dem Vorbericht gegen Wolffens Meynung von dem Wesen der Seele Theor. II. §. 21.

(a) Daß die ingenia phantastica recht zu Irrthümern und Ketzereyen gebohren seyn, erinnert gar wohl D. HEUMANNUS in *Actis philos.* P. IV. p. 595.

ständige Christus in uns, und das wesentliche Wort, so aus der Selbständigkeit GOttes uhrstanden oder hervorgehen soll. Aus diesen vielen Christis bestehet endlich der gantze Mystische Christus, als aus so vielen ergäntzenden und ähnlichen Theilen. Man ersiehet hieraus ohne meine Erinnerung, daß ein solcher GOtt ein zusammengesetztes und zerstreuliches, theilbares Wesen sey, der sich ausdehnen könne. Dis ist eben derjenige Begrif, welchen der unglückselige Mensch, der zu Anfange des XVI. Seculi das Frantzösische Lumpenbuch, so sich anhebet: *quoiqu' il importe à tous les hommes de connoitre la verité*, verfasset, und zur Umstürtzung aller Religionen zu Papier gebracht hat. Denn es stehet daselbst ausdrücklich §. 10: *Si l' on demande, ce que c' est que Dieu? Je reponds, que ce mot nous presente un Etre infini, dont l' un des attributs est, d' être une substance* ETENDUE, *par consequent eternelle & infinie.* Und nach einigen Worten: *Ainsi la matiere & la quantité n' ont rien, qui soit indigne de Dieu.* Hieraus läst sich ferner abnehmen, was dasjenige sey, so diese unglückselige den Welt-Geist nennen. Sie verstehen darunter die Thätigkeit, so nicht von innen aus dem eingesenckten Theile GOttes, oder aus dem selbständigem Christo in uns, hervorgehet; sondern welche einen andern Grund der Würckung hat. Aber o bedaurens-würdige und verblendete Seelen! Ist ein ausgedehnter, theilbahrer und zertheilter GOtt auch ein GOtt? Dieses sind Eigenschaften der Welt und der Creatur, mit nichten aber des höchsten Schöpfers.

Wer kan ohne die gröste Bosheit einen solchen GOtt anbehten? Ist ein solcher GOtt nicht ein Unding und ein unmögliches Wesen? Ein theilbarer GOtt ist ein silbernes Holtz. Allein woher kommt man auf solchen Atheistischen Verfall, da man nichts denn Wahrheit und Heiligkeit vorgiebet? Wenn es mir erlaubet ist zu sagen, so ist es eine Brut, welche alsdenn entstehet, wenn die grobe Unwissenheit sich mit dem Stoltze paaret. Die Gelegenheit ist dazu durch einfältige Leute gegeben worden, welche mit Scheidung der Metallen und Vermischung der mineralischen Säfte umgegangen sind. Denn wie demjenigen alles roht scheinet, der durch ein rohtes Glaß siehet: also ist es denen Hermetischen Weltweisen auch ergangen. Sie muhtmasseten, daß alle Würckungen, so gar auch die Göttlichen, auf solche Art vollführet würden, dergleichen sie bey ihren Scheidungen und Vermischungen wahrgenommen hatten. Demnach stelleten sie sich die Welt als eine Capell oder alembicum vor, und den lieben GOTT als das thätigste, so in der Abtreibung, Umschmeltzung und Scheidung, seine Kräfte am meisten äussert. Es fället mir ein, daß die tummen Indianer dafür halten, welcher gestalt sich ein Drache für die Sonne oder den Mond lege, um ihn zu verschlingen, so oft eine Finsternis am Himmel mit blossen Augen gesehen wird. Die Einfältigen haben zum öftern aus eigener Erfahrung abgenommen, daß die geflügelten grossen Schlangen oder Drachen die andern Thiere anfallen und verschlingen. Hieraus haben sie geschlossen, daß eben dergleichen

Wür-

Würckungen auch am Himmel zu suchen und zu finden seyn. Wir lassen den Kindern ihre Puppen, und den Phantasten ihre Hirn-Gespinste, und gehen weiter. Wir nehmen keinen Theil an solchen irrigen Einbildungen, so in dem Grunde nichts als Atheistereyen sind. (§.13.) Ich weiß zwar wohl, daß Christian Victor Tuchtfeld noch neulich ebenfalls sonderbahre Dinge von dem Astral-Geiste vorgegeben. Allein weil der Begrif desselben annoch eines und das andere in sich zu fassen scheinet, so wollen wir mit ihm annoch einen Schritt weiter gehen, wenn wir zuvor erinnert haben, daß der **Welt-Geist**, so fern er dem **theilbahren GOtte, der sich ausdehnen kan,** entgegen gesetzet ist, ein Unding und Hirn-Gespinste sey. Denn weil dergleichen GOtt gar nicht ist, so hat er auch kein Gegentheil. Denn es ist dieses nichts anders, als wenn ich das silberne Holtz dem bleyernem Holtze, oder die antiperistasin der alten Schul-Lehrer der non-antiperistasi entgegen setzen wolte.

§. XVII.

Wie die Egyptische Weltweisen sich der Scheide-Kunst beflissen, wenigstens in den letztern Zeiten: also waren die Chaldäischen, Babylonischen und Persischen Gelehrten der Sternseher-Kunst ergeben. Der berühmte Plato hatte so wohl aus jenen als aus diesen etwas in seine Lehr-Sätze gezogen, angesehen er ein Schüler von solchen Leuten gewesen, die bey beyden studirt hatten. Dem Sternsehern gefiel es, wenn sie die

Leichtgläubigen bereden konnten, daß das Glück und Unglück, die Gedancken und Anschläge der Menschen, und alle irrdische Würckung von dem Laufe der Sternen herrührten. Sie unterhielten durch diese Meynung ihre Ehre und Einkünfte. Denn jedermann war begierig, den Ausgang verwirrter und schwerer Dinge voraus zu wissen. Es schiene ungereimt zu sagen, daß die Welt-Cörper den Zustand der Menschen voraus wüsten. Man fiel demnach auf die Einbildung, als ob Geister darin wohnten, so den Lauf derselben beforderten, und sie in die himmlischen Häuser und Ordnungen versetzten. Der gute Aristoteles hatte diese Geister oder intelligentien in seiner Natur-Lehre beybehalten, entweder, weil es damahls so gebräuchlich war, oder weil er sich dieser Lauf-Geister in Erklährung des Himmels-Laufs bey den Einfältigen bedienen konnte. Nachdem man aber die Regeln der Bewegungen untersuchet, und daraus den Lauf der himmlischen Cörper zu erklähren angefangen hat, sind die intelligentien aus der Mode gekommen, und den Phantasten im Schlaraffenlande verpachtet. Jedoch wollte annoch vor kurtzem ein grauer Aristotelischer Gottes-Gelehrter die Würcklichkeit der Engel aus diesen intelligentien erweisen. Ich besinne mich auch auf einen hoch-erfahrnen Artzt, der die Ursachen der Witterung auf Erden von dem Lauffe der Sternen ableitet, und zu diesem Ende die himmlischen Quartiere mit Geistern anfüllet. Sein Grund-Satz läuft dahin aus, daß alles dasjenige, was auf bestimmte Weise würcket,

cket, ein Geist sey, oder einen Geist in sich habe. Aber die Uhrwercke, und die mit Uhrwercken versehene Bradtenwenders sind Ertz-Feinde dieses Grund-Satzes. Wenigstens ist es eine feine Sache, daß der Geist des Bradtenwenders die Brate nicht zuvor verzehret, ehe sie auf dem Tisch gebracht wird. Wenn eine Würckung, welche einen Endzweck erreichet, oder zu dessen Erreichung etwas beyträgt, allemahl von einem Geiste unmittelbahr abstammet; so kan man keine eintzige Würckung setzen, welche nicht von einem Geiste ausgeübet würde. Allein wie mancherley Würckungen entstehen nicht von der Zusammensetzung, Vermischung oder Versetzung der Theile? Warum läuft eine wohl-abgerundete Kugel auf einem abhängigen Boden so geschwind und so leicht? wenn ein Würffel von gleichem Durchmesser kaum aus der Stäte weichet? Ists nicht lediglich die Figur, welche hieselbst den Unterscheid der Bewegung machet? Worzu braucht man nun die Beyhülffe des Geistes in dieser Bewegung? Vielleicht zum gauckeln oder zum radschlagen? Der gröste Hauffe der Menschen ist leyder also geartet, daß sie ihre Güter grösser angeben, als solche in der That sind. Man beleget diese Schwachheit mit verschiedenen Nahmen, unter welchen das Wort: **Windmacherey**, endlich den Platz behalten hat. Diese Windmacherey hat das fatum Astronomicum ausgehecket. Denn die Sternkündiger waren nicht zufrieden mit derjenigen Wissenschaft, welche sie aus der sorgfältigen Beschauung und Betrachtung der Sternen geschöpfet hatten; sondern sie setzten auch Erdichtungen hinzu, und gaben denselben durch die Verkündigungen der Finsternissen und der künftigen Bewegungen der Sterne ein Ansehen. Ich gebe auch gern zu, daß die Sonne, der Mond und die Planeten, in die Cörper des Erdbodens gewisse Würckungen haben. Die Erfahrung dessen läßt sich nicht in Zweifel ziehen. Ob aber die Fix-Sternen ausser den allgemeinen Zusammenhang mit der Erden, annoch einige, und zwar merckliche Würckungen auf den Erdboden hervorbringen, bleibet vors erste annoch ausgesetzt. Allein was haben diese Würckungen der Sternen für einen Einfluß in die Begebenheiten der Menschen, welche lediglich von den freyen Entschliessungen herrühren? Die Seelen sind zwar in der Gesellschaft ihrer Leiber, und empfinden nach dem Stande ihres organischen Cörpers die Einschränckungen der Erkänntnis von dem, was in oder ausser dem Leibe ist. Jedennoch diese Empfindung der eintzelnen Dinge macht die Regeln noch nicht aus, nach welcher sich der Verstand in der Untersuchung der Sachen, und der Wille in der Vollbringung des erkannten Guten, zu richten pfleget. Die Regeln der Bewegung, wornach sich die Himmels-Cörper in ihren Würckungen richten, schicken sich so wenig zu den freyen Entschliessungen der Seelen und den freyen Handlungen, als sich die Mahler-Kunst aus den Regeln des General-Basses erklähren läst. Dieses erkannten unter den alten Weltweisen nicht wenige Persohnen. Allein der meiste Hauffe blieb dennoch an dem Irrthum

thum der Perser und Chaldäer kleben. *GREGORIUS NAZIANZENUS* (a) beschwerte sich zu seiner Zeit über die beschwerlichen und gefährlichen Irrthümer der Chaldäer, welche sonderlich darinn bestanden, daß sie geglaubet, die menschlichen Handlungen wären an die Bewegung der Gestirne gebunden. Da man nun so viel unvollkommenes und so manches Unglück in den Handlungen der Sterblichen antrift, und die Chaldäer, samt den Persern, nicht begreifen konnten, wie sich das Böse zu dem höchsten GOtt, als dem Uhrheber alles Guten, reimen mögte; als haben sie dieserwegen einen Uhrheber des Bösen gesetzet, welcher GOtte schnur stracks entgegen stünde. *JAMBLICHUS* nennet diesen Argen (b) ἀντίθεον. Einige setzeten hinzu, daß dieser Arge, welchen sie Ariman nennten, die Sterne regierte, und die Schicksale (c) der Menschen ordnete. Dieser Irrthum (d) riß zu der Zeit der Apostel in die Kir-

(a) Orat. XXXIX. p. 626. To. I. Ed. Colon. 1690. fol. *Chaldaeorum astrologia & nativitatum observatio, res nostras eodem cum sideribus motu volvens.*

(b) Er nennet ihn auch μέγαν ἡγεμόνα τῶν δαιμόνων, den grossen Fürsten der Geister, de *Mysteriis Aegypt.* c. 30. p. 102. Sect. 3. Ed. Thomæ Gale.

(c) Diejenige, so dergleichen Würckungen voraus sagten, hiessen Propheten. *JULIANUS Orat.* V. p. 304.

(d) Daß Manes und die Euchitæ hieraus in die Träumereyen verfallen seyn, jener von den beyden Principiis, diese von den drey Principiis, stehet klärlich bey dem *MICHAELE PSELLO* de *Operationibus Dæmonum* p. 8. sqq. ed. Hasenmülleri Kiloni 1688. 12.

Kirche, und hat sonderlich der Apostel Jacobus den Anfang seines Briefes dagegen (e) gerichtet. Am heftigsten brach diese unsinnige Meynung in dem dritten Jahrhundert nach Christi Gebuhrt los, als *MANES* die Grund-Sätze der Persischen Welt-Weisheit mit der Lehre JEsu Christi zu paaren gedachte. Der traum-reiche *CONRAD DIPPEL* entblödet sich nicht zu schreiben, daß die Jüden allererst in der Babylonischen Gefängniß durch die Chaldäer, Babylonier, und Perser zur Erkänntnis der Wahrheit gebracht worden, weil Moses alzu tum gewesen, den Juden eine gründliche Anleitung von der göttlichen Lehre zu geben. Aus dem, was wir beygebracht haben, erkennet man gar leicht, daß der gute Mann nicht richtig unter dem Hute seyn müsse. Daß von dem bösem Geiste, als einem fälschlich-vorgegebenen Beherrscher des Gestirns, die weltlichen Händel herrührten, scheueten sich dennoch einige zu bekennen. Jedoch behaupteten die Weisen, daß die Menschen durch das Stern-Schicksahl sündigten. *Homines fato peccare, etiam plerumque a sapientibus adseritur.* So läst sich der Verfasser der Lob-Rede, so auf den jüngern Constantinum gehalten worden, hören, c. 14. *MAMERTINUS* in seiner Lob-Rede, so er dem Heydnischen Kayser Juliano gehalten, hält dafür c. 23, daß diejenigen, so nicht nach dem Schicksahl der Sternen lebten, *casu ac temere*, blindlings und

(e) *THEOPHILUS AMELIUS* i. e. Petrus Zornius in *Erörterung der dunckelsten Schrift-Stellen in N. T.* p. 215.

und ohne gründliche Meynung, lebten. Daß die Chaldäer dieses Schicksahl des Gestirns gar hoch erhoben, zeigen nachfolgende Scribenten an: *DIODORVS SICVLVS* L. II. c. 30. sqq. *SEXTVS EMPIRICVS adversus Mathematicos* p. 114. sq. *CENSORINVS* de *die natali* c. 8. *IVLIVS CAESAR BVLENGERVS Eclogarum ad Arnobium* L. I. c. 7. p. 382. sqq. *THOMAS STANLEIVS* de *Philosophia Chaldaeorum* Sect. II. c. 17. sqq. Von den Persischen Weltweisen erhellet ein gleiches aus dem *GELLIO Noctium Atticarum* L. XIV. c. 1. *THOMAS HYDE* de *religione veterum Persarum* c. XII. p. 180. sqq. c. XX. p. 271. sqq. *BVLENGERVS* am angezogenem Orte c. 6. p. 303. sq. *STANLEIVS* de *philosophia Magorum* c. 9. p. 1166. sq. So gar steckten die Gelehrten unter den Egyptischen Heyden in gleicher Meynung, wie zu ersehen ist aus dem *SCHOLIASTE ad Tetrabiblon Ptolemai* bey dem *IOANNE SELDENO* de *Jure naturæ & gentium* L. III. c. 22. p. m. 466. Daß der Plato mit gleicher Meynung angesteckt gewesen, erhellet aus seinen Büchern, als *Epinomide* p. 704. und *Timæo* p. 531. Was soll ich von den Juden sagen? Der Chaldäische Ubersetzer gibt der besagten Meynung selbst Beyfall, über den Prediger Salomons c. IX. v. 1. *EPIPHANIVS* legt diese Meynung auch den Pharisäern bey, *de Secta Pharisæorum* §. 2. Die Cabballisten waren gleicher Meynung, wie *JAQUES BASNAGE* angezeiget, dans l'*Histoire des Iuifs* L. III. c. 15. 16. von den Essäern habe ich solches

auch

auch anderstwo (f) erwiesen. Hieraus erkennet man nun, wie die Welt-Weisheit zu den Zeiten des Pauli beschaffen gewesen, und daß Paulus gegründete Uhrsachen gehabt, die Colosser dieserwegen zu warnen. Jedennoch hat noch neulich diesen verlegenen Satzungen der herumschweifende Tuchtfeld von neuen eine Farbe zu geben gedacht, da er so gar dem Astral-Geiste alle natürliche und ordentliche Handlungen und Beschaffenheiten der Menschen zuschreibt, und die Gewalt des Satans als eine unumschränckte Bohtmäßigkeit abmahlet. Das Nürenbergische Ministerium hat diese grobe Irrthümer billig wiederleget. Aus den beygebrachten Gründen zeiget es sich von selbst, daß dieser Astral-Geist eine Träumerey sey. Anbey fällt es auch weg, wenn einige die wunderbahren Begebenheiten der Vampirs dem Astral-Geiste haben zuschreiben wollen.

§. XVIII.

Andere beschreiben den Welt-Geist noch anderst, und geben vor, daß die Luft ein Geist sey, und in den Vampirs sich kräftig erwiesen habe. Allein die Luft, wenn sie thätig wird, hat gantz entgegengesetzte Würckungen. Denn die Fäulnis der Thiere und Pflantzen wird durch einen Luft-leeren Raum zurückgehalten, hingegen durch den Zugang der freyen Luft befordert. *FRIDERICVS HOFFMANNVS* in *Demonstrationibus physicis curiosis*

(f) In *uberioribus cogitatis de Magis Iudaeis, qui ad Iesum ex Oriente accesserunt* in *MVSEO BREMENSI* Vol. I. P. IV. p. 671. sqq.

riosis p. 208. Putrefactio animalium & vegetabilium impeditur in vacuo. Hinc poma, pira, pruna, salua sua textura & forma, in vacuo per aliquot annos durant. Paulus verstehet durch den Geist dieser Welt (*) die thätige Kraft, welche sich in den natürlichen und der Sünde unterworfenen Menschen äussert. Dieser Welt-Geist hat den Tod und die Fäulnis der menschlichen Cörper in die Welt gebracht, so viel fehlet dran, daß er die Fäulnis an und vor sich hindern solte. Verstehet jemand durch den Welt-Geist den Satan, so kan sich auch dieser zu gegenwärtiger Erklährung nicht schicken. Wollte man aber die Hülle der Seele oder den subtilen Cörper, welchen sie alzeit nach einiger Meynung führt, durch den Luft-Geist verstehen, so würden wir auch hieselbst bey dieser Abhandlung dadurch nichts gewinnen. Denn wo die Seele bleibt, da bleibt auch die Hülle. Nun aber gehet die Seele bey dem Tode des Leibes (a) so fort an dem von GOtt bestimmten, und ausser dem Leibe anzutreffenden Ort (§. 10.) Was bleibt denn übrig, als daß auch

(*) 1. Cor. [illegible] 12.

(a) Daß in den Gräbern die Teufels und Seelen der Verstorbenen verharren, solches glauben die Jüden. *IOA. HENRICVS STVSS* in Diss. de *Consensu Theologiae Iudaicae & Pontificiae* §. 14. p. 15. sq. Diese Meynung gefiel auch den alten Chaldäern. *SVIDAS* p. 477. ed. Küsteri. Diese Meynung hat bey den Papisten das Fegefeuer ausgeheckt. Conf. *GOTTLIEB WERNSDORFIVS* in Diss. de *Animarum humanarum separatarum statu earumque cum vivis commercio.* Vitemb. 1725. 4.

auch die Hülle mit der Seele so fort dahin eilet. Mir deucht, daß uns nunmehr keine erdichtete Uhrsachen mehr im Wege stehen, und daß wir endlich unserm Endzwecke näher treten können.

§. XIX.

Ich sehe schon voraus, daß man begierig zu wissen, welcherley Wesens ein Vampir sey? Nach dem gemeinen Wahn verstehet man durch dieses Wort solche Persohnen, welche dem Leibe nach gestorben und auch begraben worden, jedennoch in solchem Zustande den Lebendigen das Bluht aussaugen, und solches in dem begrabenen Leibe aufbehalten, auch dadurch wachsen und zunehmen. Ich habe aber bis hieher unter dieser Benennung nichts weiter verstanden, als einen abgestorbenen Leib, dessen Bluht im Grabe auf einige Zeit flüssig und frisch bleibet.

§. XX.

Aber warum bringe ich nicht einen solchen Begrif bey, aus welchen zugleich erhellet, daß die Vampirs die Leute erwürgen und ihnen das Bluht absaugen? Ich gebe die kurtze Antwort: Ich habe albereit erwiesen, daß dergleichen Erwürgung und Bluhtsaugung, weder der unmittelbahren Würckung GOttes, noch dem Satan, noch der Seele des Verstorbenen, noch dem begrabenen Leibe zuzuschreiben sey.

§. XXI.

Wenn kranke Persohnen vermeynet haben, daß ihnen eine unsichtbahre Gewalt auf der Gurgel ge-

gespielet, und ihnen die Brust zusammen gezogen habe, so ist solches für nichts weiter, als eine leere Einbildung zu halten. Denn welcher gesunde hat ein würgendes Wesen um sie gesehen? Die Krancken selbst sind aus dem Schlaffe aufgefahren, und haben so fort geklagt, daß sie diesen oder jenen im Schlaffe gesehen, von welchen sie gewürget würden. Als der Leib Christi aus dem Grab ging, wurde der Stein zuvor abgewelzet und die Thür des Grabes eröfnet. Man hat nichts dergleichen hieselbst bey den Gräbern wahrgenommen. Vielmehr hat man wahrgenommen, daß der erste Patiente dieser Art von einem angesteckten Hammel oder Schaafe gegessen, und dadurch ihm eine Seuche zugezogen habe. Man könnte zwar sagen, daß dergleichen Hammel das Gras über einem Grabe, worinn ein Vampir gelegen, gefressen habe. Mir ist aber leide, daß man dieses so genau nicht werde wahrgenommen haben, und zwar unter einer gantzen Heerde. Wenn auch gleich ein angesteckter Leichnam in der Erde auf eine ziemliche Tieffe verscharret wird, so werden deswegen dennoch die Lebendigen, so darüber gehen, oder von dem Grase fressen, nicht so fort angestecket. So aber dergleichen Würckung erfolgete, so müste der verscharrte Cörper entweder nicht tief gnug verscharret oder wenigstens gar starck angestecket seyn, so gar, daß das Gras davon einige Theile in seine Säfte bekommen hätte. Allein, wenn ich auch dieses einräumen wollte, so fällt mir dennoch auch dieses bey, daß die Cörper, welche ihre Ausdünstungen aus dem Sarge und Grabe steigen lassen, in einer starcken Fäulnis und Ausdährung seyn müssen. Wie will sich aber hiemit der Zustand der Vampirs in dem Grabe reimen? Warum ist in ihnen das Bluht so frisch und flüßig, wenn die Ausdünstung und Fäulnis derselben so gar starck zu seyn geglaubet wird?

§. XXII.

Wie starck in diesem Fall die Einbildung sey, will ich mit einigen Exempeln erläutern. Damit wir wissen mögen, was ich unter der Einbildung verstehe, so will ich mich erklähren. Die Einbildung ist eine Kraft der Seelen, wodurch man abwesende Sachen ihm vorstellet als gegenwärtig. Wo diese Kraft fehlet, da fehlet auch das Gedächtnis. Allein es kan die Einbildung sehr in Unordnung gerahten und der Wahrheit Eintrag thun. Denn man kan ihm unter einem Bilde die unmögliche Sachen als möglich vorstellen, ferner die möglichen statt der würcklichen, die nicht gegenwärtigen als in der That gegenwärtige, die ungewissen und unwahrscheinlichsten statt der gewißlich zukünftigen und instehenden. Man siehet, daß dieser Fehler von dem Mangel eines gegründeten Urtheils und guten Geschmacks herrühre. Daher die unordentliche und ausschweifende Einbildung so viele Quellen und Uhrsachen hat, als es Umstände giebet, welche uns des guten (a) Geschmacks

(a) Untersuchung von dem guten Geschmack in der Dicht- und Rede-Kunst, ausgefertiget von Johann

schmacks und eines rechten Urtheils berauben. Bald liegt die Uhrsache in einer angebohrnen Unart; bald in einer närrischen Erziehung; bald steckt sie in dem Geblühte des Leibes; bald steckt sie in der Seele selbst: zuweilen wird sie durch äusserliche Mittel (b) befordert; zuweilen ist sie den vorhergegangenen Affecten zuzuschreiben. Die natürlichen Träume, und die Erkänntnis der Thiere, gründen sich bloß auf die Einbildung, und nehmen an einem gutem Geschmacke, oder an einer behenden und ordentlichen, auch deutlichen, Beurtheilung im geringsten nicht Theil. Je mehr nun jemand in dem Stande deutlicher Erkänntnis und der Wahrheit stehet, je mehr ist er der guten Eigenschaften, die ein Mensch besitzen kan, theilhaftig. Die Wahrheit, überhaupt betrachtet, ist die würckliche Ordnung der Dinge. So fern wir aber derselben fähig sind, bestehet sie in der Empfindung der würcklichen Ordnung der Dinge. Weil wir aber wegen unserer zu erhaltenden Glückseeligkeit die vorkommenden Dinge nach derjenigen Verhältnisse, welche sie gegen uns haben, einzusehen pflegen; so entstehet daher der Unterscheid zwischen der be-

Johann Ulrich König, ist den Gedichten des Freyherrn von Caniß nachgesetzet, so a. 1727. in 8. Maj. herauskamen, und ist unvergleichlich.

(d) Hieher rechnet *ORIGENES* auch die evirationem, *To.* XV. *ad cap.* XIX. v. 12. *in Matthaeum*. Wir sehen hievon ein Beyspiel an dem Origene, qui cicutam adhibuerat genitalibus ad compescendam libidinem. Vide *Adnotationes* D. *IACOBI SALINAE Neapolitani* ad Vincentii Commonitorium, p. 50. sqq.

schaulichen und thätigen Wahrheit. Die erste bestehet in der Ubereinstimmung unsrer Empfindung mit der Ordnung derjenigen Dinge, welche an sich selbst zur Ausübung der Tugend nichts beytragen. Jedennoch ist keine beschauliche Wahrheit so gering, welche nicht in der Zusammensetzung verschiedener dergleichen Wahrheiten mit der Ausübung der Tugend zusammen hänget, oder wenigstens dazu angewendet werden kan. Es würden keine unnützliche Wahrheiten statt finden, wenn wir einsehen könnten, was eine jede Sache vor eine Verhältnis gegen unsern innerlichen und äusserlichen Zustand hätte. Die thätige Wahrheit bestehet in der Empfindung der Ordnung solcher Dinge, welche an sich selbst zur Ausübung der Tugend gehören. Wenn die erkannte Wahrheit so starck und nachdrücklich in der Seele dargestellet wird, daß eine Liebe dagegen, und eine Bereitwilligkeit, sich derselben in seinem Leben gemäß zu bezeigen, entstehet, so ist der Anfang einer lebendigen Erkänntnis da. Man würde sich aber leicht zum Irrthum und zur Abweichung von der erkannten Wahrheit lencken und fähig machen, wenn man die Sachen nicht gehörig unter einander, ferner nach ihren Theilen oder Kräften, wenigstens so weit solches zu unserer Glückseeligkeit etwas beyträget, unterschiede. Denn man würde in solchen Umständen Gift mit gesunder Artzney, GOtt mit der Welt, unmögliche Dinge mit möglichen, mögliche mit würcklichen, gewisse mit ungewissen, gute mit bösen, und so fort verwechseln. Hieraus erkennet man gar leicht, wie viel an einer deutlichen Erkännt-

nis

wie gelegen sey. Zuforderst ist es demnach nöhtig, daß die Einbildungs-Kraft der würcklichen Ordnung der Dinge nicht entgegen stehe. Denn wenn wir eine solche Ordnung der Dinge uns vorstellen, dergleichen nicht ist, und solche Vorstellung mit der Wahrheit verwechseln, so betriegen wir uns durch unsere Einbildung. Woraus deutlich erhellet, daß die unordentliche und betrügliche Einbildung in der unrechten Empfindung bestehe. Denn wenn wir uns die Sachen unter einem Bilde anderst vorstellen, als sie an sich sind, so ist die Einbildung unrichtig. Die Sachen, so wir uns in der Seele vorstellen, rühren entweder die Gliedmassen der Sinnen, oder müssen nur durch die Beurtheilungs-Kraft entdecket werden. In dem ersten Falle hat die unordentliche und betriegliche Einbildung statt, 1) wenn das Bild, so wir uns von einer Sache in dem Gehirne machen, uns von innen so starck rühret, daß wir vermeynen, als ob wir in den äusserlichen Gliedmassen wären gerühret worden: 2) Wenn wir uns nach der Empfindung, so in einem Gliedmaß (c) des Sinnes geschiehet, richten, ohngeachtet die Rührung, so in den andern Sinnen vorgehet, entgegen ist: 3) wenn wir den Fehler des Gliedmasses der Sinnen also ansehen, als ob derselbe in der Sache, so

(c) Von dem Stockholmischen Knaben, der mit dem einem Auge alles doppelt sahe, besiehe *ACTA litteraria Sueciae* ad a. 1721. Trim. IV. p. 230. sqq. und *GEORGII BERNHARDI BULFFINGERI dilucidationes philosophicas de Deo, Anima humana, & mundo* Sect. III. c. 2. §. 248. p. 239.

ausser uns ist, steckte: 4) wenn zwischen dem Sinnen-Gliedmaas und der Sache, so ausser uns ist, etwas zwischen gesetzet ist, welches eine Aenderung der Rührung in den Sinnen macht: 5) wenn wir uns ein Bild von einer Sache, so ausser uns ist, machen, aus unrichtiger Erzehlung anderer. In dem andern Falle ist die Einbildung unrichtig und trüglich, wenn wir uns ein Bild im Gehirne machen, wodurch 6) das unmögliche als möglich dargestellet wird, oder 7) das mögliche unter dem Bilde des würcklichen: ferner 8) das wahrscheinliche unter dem Bilde des wahrhaftigen und würcklichen: endlich 9) das natürliche unter den Bildern des übernatürlichen. Denn weil wir alles unter Bildern oder Zeichen gedencken, und andern zu erkennen geben; so betriegt uns die Einbildung so oft, als wir diese Bilder und Zeichen der Sachen verwechseln. Wenn ich das Zeichen des Dreyecks mir vorstelle, wenn ich mir ein Zwölfeck dencken will, alsdenn betriege ich mich gewißlich in meiner innerlichen Bildung oder Vorstellung.

§. XXIII.

Was ist demnach deutlicher und gewisser, als daß eine deutliche und gründliche Erkänntnis der Dinge das eintzige Mittel sey, die betriegliche Einbildung wegzuräumen und das Gemühte davon loszumachen? Diesem Mittel stehet die unordentliche Einbildung oder Phantasey entgegen. Denn wenn die Bilder-mäßige Erkänntnis der Ordnung der Dinge, so fern dieselbe möglich oder würcklich ist, entgegen stehet, so wird der Verstand in seiner Beurtheilungs-Kraft gehindert und verfinstert.

Man

Man stellet ihm zwar auch wohl bey der unrichtigen Vorstellung ein Licht vor, und vermeynet grosse Erkänntis zu besitzen. Allein es ist ein Irr-Licht, welches auf mancherley Abwege führet. Bald stellen sich die phantastischen Leute eine Ordnung des Reichs der Gnaden und der Herrlichkeit vor, welche der göttlichen und geoffenbahrten Ordnung wiederspricht: Bald erkläret man die Ordnung, so in dem Reiche der Natur festgestellet ist, also, daß man entweder erdichtete Ursachen angiebt, oder den Lauf der Natur samt seinen Würckungen mit der Ordnung der göttlichen Gnaden-Würckungen verwechselt. An statt der göttlichen Wahrheit verfällt man auf ein innerliches Wort, welches so mannigfältig und wiedersprechend ist, als es Persohnen giebt, welche sich dasselbe zu besitzen rühmen. Und weil man diese wiedersprechende Mannigfaltigkeit nicht läugnen kan, so verfällt man so weit, daß man glaubt, es schaden die Irrthümer überhaupt der Heiligkeit nicht das geringste. Den Uhrsprung solcher Phantasie betreffend, so ist solcher theils natürlich, theils künstlich. Der natürliche Uhrsprung bestehet in der Ermangelung einer deutlichen und gründlichen Erkänntnis. Bey Kindern und den meisten Frauenzimmer ist die Beurtheilungs-Kraft schwach und ungeübt. Einige Menschen gehen mit solchen Wercken vielfältig um, welche die Einbildungs-Kraft zu einen hohen Grad der Lebhaftigkeit erhebet, und die Deutlichkeit der Gedancken verhindert. Hieher rechnet man die Mahler, die Bildhauer, die Leser unreiner mystischer Bücher, diejenige, so ihnen durch

Bilder ein Kunst-Gedächtnis gemacht haben, und dergleichen Persohnen, welche nichts denn sinnliche (a) Vorstellungen lieben. Die sinnlichen Vorstellungen entstehen durch die Rührungen in den Gliedmassen der Sinnen, und äussern sich durch ein cörperliches Bildgen, so in den subtilen Theilen des Gehirns gewürcket wird. Wannenhero man sich nichts zu verwundern hat, daß diese Würckung sich nach dem Zustande der flüßigen und subtilen Theile des Leibes richtet, welche so wohl in den äusserlichen Gliedmassen der Sinnen, als auch in den innern Säften des Gehirns und der Theile, so mit dem Gehirn in Verbindung stehen, anzutreffen sind. Die Nachahmung und der Umgang gewisser Persohnen kan gleichfals viel zur unrichtigen Phantasey beytragen. Es sind Exempel bekannt, daß einiger verzückter Leute Umgang und Gespräche andere, so blödes Verstandes sind, in gleiche Verzückungen getrieben habe. Oscitante uno, oscitat & alter. Insonderheit thun die Kranckheiten, so die Nerven angreiffen, oder die Säfte durch allzugeschwinde Hitze, auch wohl Verschleimung, umtreiben, einen grossen Beytrag zu einer unrichtigen Phantasey. Die hypochondriaci und diejenigen, so mit pas-

(a) Phantastische und geistlich hoffärtige Weiber muß man hier nicht vergessen. Priscilla und Maximilla, so den Tertullianum verführt haben, und Entzückungen nebst thörichten Weissagungen liebeten, sind hievon die klaresten Exempels. *PROSPER* in *Chronico* ad a. 170. *VINCENTIUS* Lirinensis in *Commonitorio* I. §. 24. p. 59.

passionibus hystericis, philtris, und eingenommenen Giften behaftet sind, bekräftigen dieses zur Gnüge. Man kan sich nicht gnug über die Geberden und Vorstellungen derjenigen verwundern, welche in dem untersten Theile von Italien durch die Taranteln gestochen werden. Von dem *Tarantismo* sind die vornehmsten und meisten Umstände gar deutlich beschrieben bey dem *SAMUEL HAFENREFFER* in *Nosodochio* L. III. c. 12. p. 475. sq. ed. Ulmæ 1660. 8.

§. XXIV.

Man kann auch durch Kunst und natürliche Hand-Griffe die Menschen in solche Umstände setzen, daß sie von den abwesenden Sachen, woran sie gedencken, so lebhaftige Bilder in ihrem Gehirn hervorbringen, als man sonst von den gegenwärtigen Sachen empfindet, welche die äussern Gliedmassen der Sinnen rühren. Wir wollen dieses mit dem Exempel der Hexen, und der so genannten Heiligen, oder Schwärmers erklähren. Die Vorstellungen, welche sich in der Einbildung der Hexen von dem Fluge durch die Luft, von dem Brocken-Tantze, von der Hochzeit und Beyschlaffe des Satans und andern solchen Sachen befinden, rühren lediglich von einer Kräuter-Salbe und den Erzehlungen anderer Hexen her. Denn wenn eine junge Hexe angeworben wird, so wird sie erst mit Kräutern geräuchert, welche die Einbildung verderben, und darauf mit vielen Fabeln, so in der Ordnung der Dinge nicht gegründet sind, in dem Gehirn angefüllet. Wenn eine Hexe nach dem Brocken oder zu andern unholden Versammlungen fahren wird, salbet und schmieret sie sich zuforderst in der Schläfe und den äussersten Theilen des Leibes, wo die Nerven am ersten können Empfindungs-los gemacht werden. Darauf schläft sie ein, und bleibt auf der Stätte sitzen oder liegen. Was ihr vorhin vorgesagt worden von dem Luft-fliegen und Brocken-Tantz, das stellet sich in dem Schlafe der Einbildung so deutlich vor, daß sie nachgehends, wenn sie erwachen, nicht anders meynen, als ob sie würcklich durch die Luft geflogen, und mit ihren Gilde-Genossen dem Brocken-Tantze beygewohnet hätten. Vor einigen Jahren hat man dieses gar deutlich wahrgenommen (a) an einer Hexe, so in dem Hertzogthum Mecklenburg sich selbst aus Angst des Gewissens bey der Obrigkeit gemeldet, und die gerechte Straffe über sich losgebeten. Man setzte dieselbe vest, und gab wohl acht, ob sie auch würcklich wegfahren würde, wie sie vorgab. Allein nach geschehener Beschmierung schlief sie ein, blieb an dem Orte liegen, wachte erst nach dreyßig und etlichen Stunden wieder auf, erzehlte was auf dem Brockens-Berge vorgegangen, und machte alle Personen nahmhaftig, so zugleich da gewesen und ihr sonst nicht unbekannt waren. Ein gleiches haben schon angemercket *VALVASOR* L. III. c. 12. p. 359. sqq. in der Ehre des Ertz-Hertzogthums Crayn, und *ERASMUS FRANCISCI* in den bey-

(a) *GODELMANNUS* in *Tractatu de Magis* L. II. c. 4. & ex eo *FRIDERICUS HOFFMANNUS* in Diss. de *Diaboli potentia in corpora* §. 6. p. 379. sq.

beygefügten Anmerckungen. *FRIDERICUS HOFFMANNUS*, ein gar gründlicher Weltweiser und Kenner der Natur, schreibet hievon auf gleichen Schlag: (b) *Ex Veneficarum Actis ipse, quum degerem in Westphalia, notavi, sagas prius semper, quandocunque diaboli suggestionibus & operationibus sese traditura essent, se inunxisse, praesertim in carpis manuum ac plantis pedum, temporibusque, unguentis quibusdam somniferis, v. gr. ex mandragora, semine hyosciami, lolii, cicuta, baccis solani somniferi, axungia taxi, vulpisve, OPIO confectis. Quo facto, alto & profundo somno sepeliuntur, in quo diabolus suggestionibus suis revolationibusque variis in phantasiam earum exercet operationes.* Nach eben diesem Fusse machten es die Schwartz-Künstler der Perser, wie wir aus den Todten-Gesprächen des Luciani (c) gar weitläuftig nachlesen können. Die Wahrsager und Wahrsagerinnen der Heyden nahmen auch alzeit vor der Weissagung etwas zu sich, wodurch sie in eine Verzückung und Wahnsinnigkeit gesetzet wurden. (d) Einige Klüfte der Erden sind auch so beschaffen, daß sie erstarrende und kalte Dünste aushauchen, so mit unreinen Schwefel angefüllet sind. Das Loch, worauf nachher der Wahrsagungs-Dreyfuß zu Delphos in Griechenland

(b) In Dissert. de *Diaboli potentia in corpora* §. XIX. p. 399. inter *Opuscula Physico-Medica* Ulmae edita 1725. 8. To. I.

(c) *Dial.* LXX. p. 223. sqq. & Lipf. 1583. 8.

(d) *MICHAEL PSELLUS* in *Dialogo de operationibus daemonum* p. 94. sqq. *VIRG. Aen.* L. IV. v. 485. sqq.

land gestellet wurde, setzte so gar die Ziegen und Thiere in eine Verzückung. (e) Dieses hatten spitzfindige und listige Menschen angemercket, und solches nachhero zu ihrem Vortheil gemisbrauchet. Insonderheit befördern einige natürliche Dinge die Unrichtigkeit der Einbildungs-Kraft. Dieses siehet man an den Leuten, so in dicker und verdickter Luft wohnen oder arbeiten, so sich auf hohen und kalten Gebürgen aufhalten, so allen fröhlichen Umgang der Menschen scheuen, so grobe Speisen, und kalte, blähende Geträncke zu sich nehmen, auch dabey wenig arbeiten: Ferner, diejenigen, so viele gedorrete Hülsen-Früchte, Bonpurnickel, starck-gehopfte Biere, und viel Schweine-Fleisch, geniessen, dabey aber keine schwere Arbeit haben, und der gehörigen Bewegung ermangeln. Die Berg-Männleins und Koboldén sind lediglich in dem Gehirn der Berg-Leute gebohren. Man hat den Berg-Mönch erdacht, als die Walckenroder Mönche viele Kuxen auf dem Harze besessen. Die dicke Luft unter der Erden, der stete Gebrauch des Schweine-Fleisches, die unreinen und verkältenden Ausdünstungen, die viele Einsamkeit, sind allerdings fähig, daß die Gruben-Leute auf gleiche Weise, wie die Hexen, in der Einbildung von ihren Gedancken gerühret werden. Die eigene Erfahrung lehret mich, daß dieses nicht allein möglich, sondern auch bey gewissen Umständen

(e) *IUSTINUS* L. XXIV. c. 6. *STRABO* L. IX. p. 419. *DIODORUS Siculus* L. XVI. c. 26. Mr. *SCHOTT* en *Explication nouvelle de l'Apotheose d'Homere* p. 100. sqq.

den würcklich sey. Denn a. 1719. bin ich dergestalt von der hypochondrischen Seuche, wegen beständiges Sitzens und genossenes blehenden Biers, angefallen, daß ich nicht recht schlafen können, und doch allzeit müde gewesen, zugleich aber eine so lebhafte Einbildung von den Sachen, so ich dachte, gehabt habe, dergleichen man sonst von gegenwärtigen Dingen bey hellen Lichte zu haben pflegt. Wenn die Bergknappen so sehr an einer verdorbenen Phantasie von göttlichen Dingen Beliebung haben, so ist solches gar nicht zu bewundern.

§. XXV.

Was soll ich sagen von den Wehr-Wölfen? Die gantze Sache laufft auf eine krancke Einbildung hinaus. Albertus, Hertzog in Preussen, setzte einen Menschen, den die Bauren als einen Wehr-Wolf und Zerreisser der Last-Thiere vors Gerichte brachten, gefangen, und lies durch gescheute Leute Achtung geben, ob er jemahls in einem Wolf verwandelt würde. Der Gefangene läugnete nicht, daß er jährlich um Weyhnachten und um das Johannis-Fest wild würde, mit grossen Schmertzen Wolfs-Haare bekäme, und Lust hätte an der Zerreissung der Menschen und Thiere. Allein ohngeachtet der Gefangene zu besagten Zeiten zu schaudern anfieng, und in der Meynung stund, als ob er in einen Wolf verwandelt würde, so haben dennoch alle Umstehende angemercket, daß dieses lediglich in der Einbildung

be-

bestünde. PHILIPPUS CAMERARIUS, der dieses aus dem Bericht des gelehrten Poeten Georgii Sabini beybringet, (f) setzet hinzu: *Unde constat, ea, quae de ambiguis lupis narrantur, esse falsa, utpote quae homines mente capti sibi imaginantur.* IOHANN WEBSTER in der Untersuchung der vermeynten Hexerey, erzehlt gar viele Geschichte von gleichem Innhalt. Neulich wollte einer von den Schwärmern zu Hartzburg am Himmelfahrts-Tage gen Himmel fahren, und stieg deswegen oben auf einen Kirsch-Baum, breitete die Hände aus, und flog schon in seiner Einbildung. Aber er fiel augenblicklich zur Erde, und fiel sich zu Schanden. Daß die Circe vor Zeiten durch allerley Kräuter die Menschen in Thiere verwandelt habe, besagen die alten Historien-Schreiber und Poeten. Man kan die gantze Sache nicht unter die Gedichte rechnen. Jedoch ist auch dieses ausser Zweiffel, daß die Einbildung durch die Kräuter verdorben sey, und diejenige, so davon genossen, ihnen eingebildet, als ob sie Thiere wären. Mit dergleichen Kranckheit ist auch Nebucadnezar behaftet gewesen. Die alten nordlichen Völcker trugen statt der Kleidung die Felle der Thiere, und jagten andere ein Schrecken ein durch die äusserliche Bedeckungen, welche sie von den grausamsten Thieren hergenommen. (g) Einige assen die Eingeweide und das Gehirn der Wölfe,

(f) In *Operis horarum subsecivarum Centur.* I. c. 72. p. 327. ed. Francofurti 4. 1602.

(g) *CAESAR* de B. G. L. IV. c. 1. L. V. c. 14. *TACITUS* de *Germ.* c. 17. *MELA* L. III. c. 3.

Wölfe, nahmen hernach eine Kräuter-Salbe zu sich, banden einen Riemen aus einer Wolfs-Haut um sich, und meinten ferner, daß sie in Wölfe verwandelt wären, und also Menschen so wohl als auch die Thüre anfallen müsten. Vor einigen Jahren hatte ein böser Mensch ein gantzes Wolfs-Fell um sich fest gemacht, und die Amts-Schäferey nebst vorhergegangenen Geheule angefallen. Einige Schaafe hatte er getödtet: Die übrigen waren vor Angst und heftiger Druckung grossentheils verdorben. Die Herrn Prediger eines Theils schrieben diesen Zufall dem Satan zu, der sich in Wolfs-Gestalt sehen lassen. Verständige Leute trugen Bedencken, dem Satan solche Gewalt einzuräumen, weil die Verwandelung des Wassers in Wein ein Wunder-Werck ist, wie vielmehr die Verwandelung der Elemente in eine Wolfs-Gestalt. Man pflegt zwar zu sagen, es erscheine die Gestalt eines Wolfes, ob wohl keiner zugegen sey. Aber man beliebe zu erwegen, daß eine solche Rührung der Augen ohne äusserlicher Gestalt eines von den grösten Wunderwercken sey. Dieses siehet man aus den Geschichten der Evangelisten. Christus hielt die Augen der Emauntischen Jünger, daß sie nicht seine, sondern eines andern frembden Menschen Gestalt, auf eine Zeit sahen. Er gieng einsmahls mitten durch seine Feinde hinweg, also, daß sie nicht merckten, wohin er kam.

§. XXVI.

Das Opium ist von sonderbahrer Kraft, die Ner-

Nerven der Empfindung eines Theils zu berauben, und die Einbildung zu stärcken. *ADAMUS OLEARIUS* (h) schreibt davon folgender gestalt: Es haben die Perser, wiewohl nicht alle, doch ihrer sehr viele, im Gebrauch, daß sie das *opium* gar oft geniessen, nennen es *offiuhn*, auch *Tiriack*, welches sie in runde, als Erbsen Grösse, Kügelein machen und also verschlucken. Die sich daran gewöhnet, können ein halbes Quentin und darüber vertragen. Etliche gebrauchen es um den andern oder dritten Tag, nur daß sie dösicht und als truncken davon seyn wollen.

Die Maan-Köpfe, wenn sie noch grün, werden geritzet, daraus ein weisser Saft dringet, welcher, wenn er ein wenig gestanden, und schwartz geworden, abgenommen und zum Gebrauch bequem gemacht wird. Diese Worte hat von einem Ende zum andern der Herr D. *OLIVIER DAPPER* (i) ausgeschrieben, und seiner Reise-Beschreibung einverleibet. Daß die Morgen-Länder und Türcken das opium häuffig essen, berichtet auch *THAVERNIER*, (k) wie nicht weniger *THEVENOT*. (l) *BELLONIUS* L. III. *Observat.* c. 15. sagt, daß niemand in der Türckey sey, wenn er nur einen

(h) Libr. V. der Persischen Reise-Beschreibung c. XVII. p. 597. ed. 4. 1656.

(i) In Beschreibung des Königreichs Persien p. 84. ed. Nornberg. 1681. fol.

(k) In *Itin. Pers.* L. V. c. 17.

(l) *Voyage de Levant* c. 63. p. 184. sqq. ed. Paris 4. 1665.

einen Pfennig habe, daß er ihn nicht halb für opium hingebe. Es hat jemand in seiner Gegenwart ein halbes Quentin, und des andern Tages ein gantz Quentin verschlucket, jedoch, daß er davon ein wenig getaumelt. Wenn die Türcken in die Schlacht gehen wollen, nehmen sie opium, damit sie desto unempfindlicher werden. Etliche Weiber, die sich mit den Männern nicht wohl begehen, nehmen daselbst eine starcke Menge vom opio, trincken Wasser darauf, und sterben im kurtzen. (m) Es ist eine bekannte Sache, daß man in der Türckey aus politischen Absichten bey geringen Leuten die Einbildungs-Kraft mit erdichteten Erzehlungen und starrenden Beängstigungen aufhalte und misbrauche. Denn die Sclaven und Dienst-Bohten stehen fast alle in der Meynung, daß, wenn sie aus dem Dienste lauffen, ihnen unersteigliche Berge, breite und tieffe Flüsse, und allerley Schrecknissen vorkommen.

§. XXVII.

Diejenige, so unter den Christen erdichtete Offenbahrungen (n) vorgeben, und zuweilen dergleichen ausköcken, verderben sich entweder durch

(m) De Opio videantur G. *WOLFG. WEDELII Opiologia* & *BARTHOL. ZORNII Botanologia Medica* p. 499. sqq. ed. Berolin. 1714. 4.

(n) Hiebey ist zu lesen der vortreffliche Sermon des seeligen Ertz-Bischofs von Canterburi *TILLOTSON de l'Examen des Esprits* sur 1. Io. IV. 1. To. III. Serm. XXI. p. 72. sqq. ed. Amsterd. 1709. 8.

allerley phantastische und zu den Verzückungen geschickte Erzehlungen, Bücher, Gebehter (o) und Gedancken: oder sie brauchen, wie es mehrentheils geschiehet, solche Artzeneyen, welche die Nerven auf einige Zeit einschläfern, und Empfindungs-los machen. Es ist kein Unterscheid unter der Vorbereitung zur Brocken-Fahrt und zum Hexen-Tantze, wie auch unter der Vorbereitung zu den natürlichen Entzückungen und Offenbahrungen. Denn die Visionarii verderben nicht allein ihren Cörper mit einer (*) unordentlichen Lebens-Art, überflüßigen Wachen, Fasten, und Speculirung der Dinge, so über ihren Horizont sind; sondern verdicken und beschweren auch die Feuchtigkeiten, aus welchen der Nerven-Saft abgesondert und ausgearbeitet werden muß, durch die nicht unbekannten Quäcker-Pulvers, so aus den Saamen der Datura; der Solanorum, Mandragorae, Hyoscyami, Nicotianae und papaverum, Hanf-Saamen und dem Opio zusammen gesetzet worden. Die Haupt-Sache ist die berufene Datura, so anfänglich aus Ost-Indien in Europa herein gebracht worden. Die Saamen-Körner davon sind so groß als eine

Lin-

(o) Dieses hat so wohl gründlich als mit vielen Exempeln dargethan, *MERICUS CASAUBONUS* in *Dissert.* de *Enthusiasmo precatorio*. Es hat auch verschiedenes hieher gehöriges beygebracht D. *GOTTLIEB WERNSDORF* in *Exerc. Theol. de Inspiratis*, Vitemb. 1715. 4.

(*) *HERMANNUS WITSIUS* de *Proph.* To. I. L. I. c. 24.

Linse, von brauner Farbe, und stecken in stachlichten Nüssen, welche auf dem Gewächse hervorkommen. Man findet die Figur der Pflantze in M. *HOSEMANNI* Beschreibung der Zellischen Diebes-Rotte p. 314. sq. Nickel List, der Ertz-Dieb, und der Jude Hoscheneck brauchten diese Datura, um dadurch die Menschen in den Häusern und die Hüter der Gefängnissen in den Schlummer und eine Unempfindlichkeit zu bringen. Die Quäcker und alle andere alberne Heiligen nennen diesen Sinn-losen Zustand, in welchen die Einbildung sehr starck und verzückt wird, eine völlige Ubergebung an GOtt, eine Ausziehung der Eigenheit und Selbstheit, die Entgröbung, den Zustand der Propheten rc. In gleichen Prophetischen Zustande befinden sich die alten Hexen auf ihrer beschrienen Brocken-Fahrt. Damit man das Pulver unerkänntlich mache, wird es mit rohten Ungarischen Zinnober vermischet, und in Wein, Brandewein oder Milch eingenommen. Ich habe befunden, daß diejenige, so solches bey dem Anfange der geheimen Versammlung gebraucht haben, zum theil erstarret und Empfindungs-los gelegen haben, andere haben umhergekrochen, haben fliegen wollen, sind auf einander gefallen, und haben wunderliche Dinge vorgenommen, auch Sprüche aus der heiligen Schrift angeführt, so niemahls in derselben gestanden. Als einer zu Berlin in solcher Entzückung das XIIte Capitel des Propheten Michä anführete, sprach der andere: Der Geist irret, Micha hat nur sieben Capitel. Ein Quäcker beredete eine Magd seiner Liebe, und da er mit ihr tranck, warff er etwas aus einem Papier in den Tranck, und dachte dabey, daß die Magd ihm hinführo wohl folgen sollte. Die Magd empfand in ihr grosse Begierde zur Quäcker Versammlung, bekam seltsame Entzückungen, und wurde gantz unsinnig, davon sie endlich durchs Gebeht ihrer Freunde befreyet worden. Ein Englischer Christlicher nahm zu Rom um die Mitte des vorigen Jahrhunderts ein Pulver, streuete etwas unter dem Wein, und gab es einem Kaufmanne seiner Nation zu trincken, davon dieser so fort anhub zu zittern und zu beben, niederfiel und mit dem Munde gräslich schäumete. (p) Wenn diese Unholden in solchen Umständen reden, so sagen die andern, daß Christus in selbigen mit Schmertzen gebohren werde, sich in ihnen rege, und als das selbständige, innerliche Wort durch sie rede. Wie fern solches wahr sey, werden wir bald hören. Ich weiß aus gewisser Nachricht, daß die Sevenneser oder Camisards zu Anfange dieses Saeculi in Languedoc gleichfals natürliche Mittel gebraucht haben; nicht allein bey den alten, sondern auch bey den Kindern. Man kan auch solches leichtlich schliessen, wenn man den Maximilian Misson lieset. Es sind viele Erfahrungen vorhanden, daß die Datura Entzückungen mache. (q) Ich habe das rohte

Ouch

(p) M. Ehregott Daniel COLBERG im Platonisch-Hermetischen Christenthum c. VII. §. 2. p. 295. sq. ed. Francof. & Lips. 8. a. 1690.

(q) *Ephemerid. Med. Phys.* Dec. III. an. 3. Obs. 171. p. 306.

Quäcker-Pulver ehedem einem Hunde eingegeben, und wahrgenommen, daß er viele wunderliche Phantasien bezeiget und solche Gliederzüge geäussert, dergleichen man an den Leuten siehet, welche die schwere Noht kriegen. Mir sind auch Exempel von Weissagenden bekannt, so gleiche Bewegungen gemacht haben. Man pflegt die Phantasie desjenigen, dem man dieses Pulver eingeben will, erst mit allerley Bilder-vollen Historien und Rodomantaden anzufüllen, und ihm alles das vielfältig vorzusagen, was der Verzückte hernach weissagen soll. Denn so bald die Daturs in mässiger Menge eingegeben ist, so geräht er in eine Verzückung und Entsinnung, fängt an zu lachen, hält die Augen offen, redet auch wohl, und antwortet auf alle Fragen, als wenn er bey rechter Vernunfft wäre aber jedoch alles gleichsam als in einem Traum. Wenn die dosis starck ist, erfolgen auch Bewegungen der Glieder, dergleichen diejenigen an sich erblicken lassen, welche den Jammer oder die schwere Noht überkommen. Einige wissen dis Pulver so wohl zu bereiten, daß es nur gewisse Stunden würcken muß. Will man das Ende der Würckung nicht abwarten, so nimmt man kaltes Wasser, Milch, oder Eßig und besprengt die blosen Theile am Leibe des Verzückten damit, der denn, wenn der raptus vorüber ist, nichts von allem mehr weiß, oder höchstens nur meynt, es habe ihm geträumet. An den Wahrsager Weibern der Heyden, sonderlich der Pythia, findet man gleiche Zeichen der Entsinnung, Wahrsagung und Träumerey. Constantinus

Magnus, wie Eusebius meldet, hat jederman gar deutlich zeigen lassen, daß der gantze Plunder solcher Weissagungen nichts denn die Betrügerey der Menschen, worinn der Satan sein Werck, an Kindern des Unglaubens, zum Grunde gehabt. Von der Datura findet sich eine merckliche Stelle in des Johann Albrecht von Mandelslo Morgenländischer Reise-Beschreibung, (r) da er von den verhurten Indignischen Weibern redet. Wir wollen dieselbe gantz hersetzen: Sollte die Gegenwart des Vaters oder des Mannes dazu verhinderlich fallen, wissen sie dieselben alsbald ihrer Sinnen und Gedächtnis zu berauben, durch einen gar gebräuchlichen Saamen, *Dutrii* genannt, welches sie gar lüstig in *confecturen*, Speisen, oder Tranck, beyzubringen wissen. Wenn also der gute Mann in seiner Gegenwart mit sehenden Augen nicht sehend, oder schlaffend, gnug behörnert ist, gibt die freundliche Frau nach ihrem Belieben ihrem Manne seinen vollkömmlichen Verstand wieder, mit Netzung etlicher Oerter seines Leibes, welcher alsdann nach Ermunterung nichts anders weiß, als daß er etwa einen süssen Mittags-Schlaaf gehalten habe. Bey solcher Beschaffenheit kan die Frau ihre Sachen sicherer verrichten, als wann etwan der Mann aus dem Hause wäre. Die Türcken nennen die Datura insgemein *Maslak*, und nehmen davon eine ziemliche Menge zu sich, ehe sie in die Schlacht

gie-

(r) Lib. I. c. 7. p. 133. ed. Slesvic. 1658. fol. min.

ziehen, sich einen Muht oder vielmehr Verwegenheit zu machen. Wenn die Visionarii dieses teuflische Quäcker-Pulver einem Menschen beybringen wollen, so nehmen sie zuvor sein Gemühte ein durch allerhand Gespräche von Offenbahrungen, und mercken einige Wochen zuvor an, ob seine Einbildungs-Krafft und das Gewebe der Nerven der erdichteten Weissagungen fähig seyn. Sie lesen ihn allerhand schwärmerische Bücher vor, geben ihm die Exempel der Visionairs zu lesen, zeigen ihm auch wohl einige Bilder und Gemählde von Biblischen Gesichtern und Christo, daß der neue Schüler der verkehrten Phantasey sich zuvor allerley Materien eindrücken möge, welche einige Aehnlichkeiten der Bilder in dem Gehirne zurücklassen. Wenn darauf (s) das Quäcker-Pulver gegeben wird, so geschiehet eine Verdichtung der Nerven-Säfte, und entstehet eine dicke und verschleimte Beschaffenheit des Bluhts, wodurch der Mensch ausser den Zustand der ordentlichen Empfindung gesetzt wird, und auf die vorhin eingedrückte Bilder wiederum verfällt, von welchen er glaubet, daß sie gegenwärtig seyn. In diesem Stande ist die Seele in einen gäntz leidentlichen Zustande, welchen die Quietisten und Mystici bis an dem Himel erheben. Sonderlich schicken sich hiezu die leichtsinnigen Sanguinei, am meisten aber die Melancholici, und alle, so bey ihrer elenden Dumheit dennoch

 etwas

(s) D. Fridrich Ernst KETTNER in der Quedlinburgischen Kirchen- und Ketzer-Historie p. 58. sqq. ed. Quedlinb. 1710. 4.

etwas sonderliches vor andern Menschen seyn wollen. Am meisten lassen sich die Weibgens bethören und gefangen nehmen, theils wegen Blödigkeit des Verstandes, theils wegen einer grossen Lebhaftigkeit der Einbildungs-Kraft. Den eingebildeten und durch verdorbene Säfte zuwege gebrachten leidentlichen Zustand nennen sie die innerliche Ruhe, den Sabbat der Seelen, die Gelassenheit, die Verstandlosigkeit, die Willen-losigkeit, die Einkehrung in das inwendige und das centrum. *WEIGEL* schreibt: (t) **O daß ich ein Klotz würde, oder eine halbe Stunde als ein Stock würcken könnte,** (warum nicht als ein Esel?) **so würde ich ein Prophete und Apostel werden.** In diesem Klotzen- und sinn-losen Zustande der Weibgens pflegen listige und wollüstige Buben unvermerckt ihren Schnitt zu machen, wie das Exempel des P. Girard deutlich gnug bekräftiget.

§. XXVIII.

Wenn der Verstand verrücket und gebunden ist, mischet der Satan seine Würckungen in die verdorbenen und verschleimten starrenden Säfte. Die Besessene, deren in der Evangelischen Historie Erwehnung geschiehet, waren allesamt Leute von verdorbener Einbildungs-Kraft. Denn der Satan herrschet in der Luft, so in den Säften des menschlichen Leibes sich befindet, und sucht uns durch die verdorbene Einbildungs-

Kraft

(t) *Postill.* P. II. f. 193. 14. p. 219.

Kraft um das leibliche und geistliche Leben zu bringen. Dieses zeigt der unvergleichliche Doctor und Hallische Professor *Fridrich HOFFMANN* (u) gar gründlich, und zwar unter andern also: *Quum diabolo non insit potestas pro lubitu agendi in cujusvis hominis phantasiam, sed uti alia creatura non absoluto agit secundum modum activitatis, sed receptivitatis; hinc necesse est, ut adsit certa quaedam dispositio in phantasia humana, qua presente, suas operationes suosque influxus longe felicius persequi poterit. Deprehendimus itaque, omnia illa individua, quae sanguinem alunt copiosum & crassum; &, quandocunque is ipse tardius circulatur per cerebri vasa, magis esse disposita atque idonea ad actiones diaboli recipiendas, quam ea, quae sanguinem tenuem, fluxilem, mobilem, floridumque in venis habent. Ita certissima experientia comprobatum est, eas ob causas melancholicae temperaturae homines, aetate senes, sexu aniculas, melancholia hypochondriaca laborantes, & victu duro crassoque & minus spirituoso fruentes, & sub coelo crasso frigidoque degentes, item nocturno tempore, ubi aër est crassus & densus, admodum esse obnoxios illusionibus illis daemoniacis. Quare melancholia dicitur balneum diaboli; & incubus, qui nonnisi sanguinis stacis est in pulmonibus atque cerebro, malum daemoniacum. Ex eo fluit ratio, cur in Italia, Gallia, inque iis locis, ubi homines laborant, vinum bibunt,*

G 5 RA-

(u) In Diss. de *potentia Diaboli in corpora* §. 19. p. 397. sq. To. I. Opusc. Physico-Medicorum.

RATIONIS *studio indulgent, conversationibus delectantur, vel parum vel plane nihil de sagis aut spectrorum apparitionibus audiatur.* - - - *Probe tamen animadvertendum est, ac cavendum, ne omnes illusiones phantasiae, quae fiunt in morbis quaeque fiunt a narcoticis, adscribamus diabolo, sed tunc demum, quando extraordinaria quaedam simul occurrunt, & quando ea, quae patiuntur in hisce insomniis, tendunt ad praesens malum, inferendum proximo.* Und nach einigen Worten fährt der hoch-berühmte und erfahrne Mann fort: (x) *Vbi malum accidit in natura, tunc Satanas occasionem adripit agendi, cum hoc sociat suas operas, & malum, ceu amicum suae naturae, semper amplectitur, suamque potestatem & dominatum ibi exserit. quae res scitu maxime necessaria est non modo Medicis, sed & ipsis Theologis.* Wie geschäftig der Satan mit seinen Versuchungen in der Phantasey derjenigen, so von der hypochondrie (*) oder passionibus hystericis Noht leiden, sey, solches habe selbst vielfältig wahrgenommen. Insonderheit findet sichs zum öftern, daß die Versuchten, in deren Phantasey der Satan seine Kraft äussert, ihnen dasjenige vorstellen und reden, welches zwar in dem Laufe der Natur gegründet ist, aber die Versuchten auf eine natürli-

(x) §. 20. p. 401.

(*) Weil diese ein gewisser Götze in Halberstadt im Kopfe hatte, so konnte er nicht leiden, daß die Leute nach der Cantzel sahen, wenn er durch den Brill den gantzen Aufsatz herlaß, nemlich nach dem Evangelischen stilo.

türliche Weise nicht wohl wissen können. Jedennoch ist hiebey einer genauen Untersuchung vonnöhten. Denn manche Menschen sehen sich und andere, wenn die Phantasey so starck von innen den Gesichts-Nerven rührt, als sonst von aussen geschiehet, oder wenn zähigte und klare Feuchtigkeiten vor ihren Aug-Apfel entweder auf der äussern Haut oder in der Luft schweben. (y) Man nimt auch öfters wahr, daß dasjenige, was dergleichen Persohnen wollen gesehen oder gehört haben, lediglich erdichtet und ein Werck der Träumerey sey.

§. XXIX.

Wenn die Phantasie bey einem Menschen verdorben ist und derselbe allerley wunderliche Bewegungen macht, so von andern, sonderlich Weibern und Kindern, die von zarten Gewebe der Saft-Gefässe sind, angesehen werden, so entstehen gleiche Eindruckungen in dem Gehirne der Zuschauer. Der Eindruck ist desto stärcker, je schwächer die Gefäße der Zuschauenden und derer, so sich die wunderlichen Geberden in einer lebhaften und von einem starcken Affect begleiteten Einbildung vorstellen. Es ist ein bekanntes Exempel, daß eine schwangere Frau, so zu Paris einen Verdammten hatte rädern gesehen, nachhero ein Kind zur Welt gebohren, in welchem

(y) Man kan davon einige Exempel finden in *IOH. CONR. DANNHAWERI Idea boni interpretis* Art. II. §. 24. p. 33. sqq.

chen die Knochen an denen Orten, an welchen der arme Sünder mit dem Rade durchstossen worden, nicht zusammenhingen. Es fällt mir ein ander Exempel bey, so sich näher mit unserm Vorhaben reimet. Bey dem Ende des abgewichenen Jahrhunderts funden sich einige Weiber zu Toluse in der Landschaft Langedoc, so zum öftern, sonderlich in der Kirche, plötzlich auf die Erde fielen, schluckten, sich auf die Seiten warfen, Nadeln und Stücke von allerhand Bändern durch den Mund ausspien, und selbst in der Einbildung stunden, daß sie besessen wären. Die Obrigkeit des Orts sandte einige Naturkündiger und Aertzte, unter welchen Franciscus Bayle war, an die unglückseligen. Nach geschehener Untersuchung der Sache wurde wahrgenommen, (z) daß das erste Weib solchen Zufall von einem symptomate hypochondriaco-epileptico bekommen, ihr aber eingebildet habe, daß sie eine Besessene wäre. Sie hatte in der Heftigkeit des übeln Zufalls Nadeln und allerley Unreinigkeiten eingeschlungen, und wuste nachhero, da sie selbige ausbrach, selbst nicht, wie sie in ihren Leib gekommen. Von diesem Weibe hatte sich das Unglück zu andern Weibern, so ihre Bekantinn besucht, fortgepflantzet. Denn da die Leute von allen Orten zusammen liefen, um die Gebehrden desienigen Weibes, welche am er-

(z) Descripsit haec ipse *FRANCISCUS BAYLE* in *Opusculis* Tolosae 1701. 4. editis Conf. *ACTA Eruditorum Lips. latin.* a. 1703. M. Febr. p. 78. sqq.

ersten mit solchen Zufällen behaftet war, in genauen Augenschein zu nehmen, und zugleich mit anhaltenden Gedancken die Kranckheit, welche sie für eine satanische hielten, ihnen vorstelleten, sind in denen theils zarten, theils zähen Fäsern des weiblichen Gehirns solche Eindruckungen geschehen, welche mit Furcht und Verwunderung vergesellschaftet gewesen. Die lebhaftigen Vorstellungen von den Gebehrden des für besessen gehaltenen Weibes haben nach und nach das Gehirn der Umstehenden also geändert, daß sie denselben zu ähnlichen Gebehrden Anlaß gegeben. Nach und nach ist diese phantastische Seuche weiter fortgepflantzet, und, weil die erste Phantastin in dem Tempel am meisten ihre unordentlichen Gebehrden zu Tage gelegt, haben die angesteckten nachher an diesem Orte, der ihre gehabte Eindrückung vornehmlich veruhrsachet, gleiche Gebehrden bezeiget. Als vor einigen Jahren auf dem Eichsfeld in der Stadt Worbs die Priester von einer vermeinten Besessenen sieben Teufel austreiben wollen, und einige neugierige Weibgens die wunderbahren Gebehrden derselben zum öftern anschaueten, wurden albereits einige von den Zuschauerinnen in den Anfang gleicher Gebehrden gesetzt, und es war der heilsamste Weg, daß man die Zuschauerinnen zurück hielte. Was soll ich von den Weibern und Männern sagen, welche vor Zeiten in den Festen des Wein-Gottes und der grossen Mutter der Götter durch den Schall der erschütterten und scharf-klingenden musicalischen

 Werck-

Werck-Zeuge, wie auch durch die Gebehrden des sich schier toll stellenden Priester, ausser sich gesetzet wurden? *HORATIUS* vergleicht den Zorn, wodurch man ausser sich selbst kommt, mit diesen Zustande der feyrenden, und räumet der Wuht der Zornigen einen geringen Vorzug ein.

Er sagt Lib. I. Carm. Od. XVI.

Non Dindymene, non adytis quatit
Mentem sacerdotum incola Pythius,
Non liber aeque: non acutis
Sic geminant Corybantes aera,
Tristes ut irae.

Die Thone gewisser Lieder und musicalischer Instrumenten haben in einige Gemühter solchen Eindruck, dergleichen die Lieder und Verse ohne die Melodeyen nimmermehr haben würden. Die alten Lacedemonier hatten dieserwegen fast alle Music verbohten, damit nemlich ihre Unterthanen nicht zur veränderlichen und beweglichen Phantasey gewehnet werden mögten. Was eine lebhafte und fliessende Vorstellung ungescheuter und artiger Redner durch ihre Eindrückungen vermöge, ist alzubekannt. Es giebet Leute, welche mit grosser Hertzhaftigkeit und eindringender Gebehrden beten können, und dadurch gantze Schaaren an sich ziehen, und mit Irrthümern anstecken. Die Phantasey hat eine grosse Kraft auf beyden Seiten, zum guten (aa) und zum bösen, und lassen sich

(aa) Dieses siehet man bey den lebhaften Vorstellungen

sich desto mehr Menschen dadurch regieren, je grösser der Hauffe ist, welche den Grund ihrer Handlungen von der Nachahmung hernehmen, und so weit sich nach den Empfindungen der Thiere richten. (bb)

§. XXX.

Hieraus erhellet nun so viel, daß durch die verdorbene Einbildung die Gedancken selbst in Unordnung gerahten können, so gar daß der Mensch ihm solche Sachen vorstellet, dergleichen weder würcklich zugegen sind, noch seyn können. Wenn nun die Würgung und Absaugung des Bluhtes bey den Serviern lediglich in der Phantasey bestehet, (§. 20.) so lernen wir aus beygebrachten Exempeln leichtlich, daß eine Verdickung und Erstarrung der Leibes-Säfte die Einbildungs-Kraft in eine grosse Unordnung gebracht habe. Die Servier sind eine geraume Zeit unter den Türcken gestanden, und haben von denselben den häufigen Gebrauch des Opiums angenommen. Daher sind ihre Cörper schon zu dergleichen Verdickung der Lebens-Geister geschickt gemacht. (§. 26.) Uberdem ist es eine alte, und unter dem gemeinen Man-

gen der himmlischen Freude des Vergnügens in GOTT &c. bey einfältigen und ungelehrten Leuten.

(bb) M. *GEORGIUS HENRICUS RIBOVIUS*, doctus ecclesiæ in paucissimis solidissimus, in Diss. de *Anima brutorum*, quam Hieronymo Rorario subiunxit, §. 254. p. 308. sqq.

Nahme gebräuchliche Erzehlung, daß die begrabenen Cörper, oder die Seelen derselben bey entstehenden Seuchen zurückkehren und andern durch Absaugung des Bluhts das Leben nehmen. So bald nun eine gleiche Seuche zum Vorschein kommt, daran die Leute geschwind sterben und ersticken, so erinnern sich die Leute der alten Legende von den Vampirs. Die Seuche wird fortgepflantzet theils durch Bestreichung mit dem Bluhte eines dergleichen angesteckten Cörpers, theils durch die Nutzung des angesteckten Viehes, theils durch die Besuchung der Krancken und unreiner Dünste, welche in der Luft sind, und die Lunge alzusehr austrocknen, und das ihrige zu der Verdickung des Bluhts beytragen.

§. XXXI.

Die Kranckheit selbst bestehet in einer Art der Angina, oder Stickung. Denn die Patienten klagen über Zusammenziehung und Schmertzen auf der Brust, dabey ihnen zu Muhte ist, als ob sie jemand würgen, und die Luft-Röhre zuziehen wolle. Bey diesen Umständen ist das Bluht in gröster Verdickung und Unordnung. Dannenhero macht es hie und dort, sonderlich in den subtilsten Gefässen des Haupts, Staunungen oder stases. Weil ferner die Bilder-mäßigen Vorstellungen der Phantasey sich nach dem Zustande des Cörpers richten; so sind die Gedancken traurig, ängstlich und unordentlich. Dem Gedächtnis fällt so fort die alte Historie bey von

den

den Bluhtsaugern, und der übereilte Verstand, den man mit gründlicher Untersuchung des Ubels nicht bemühet, nimt lieber eine erdichtete Uhrsache der Kranckheit an, als daß er seine Unwissenheit gestehen will. Unsere tumme Mädgens schliessen nicht anders. Denn wenn sie der Alp drückt, welches eine beschwerliche Phantasey ist, die aus der Hemmung des Bluhts entstehet; so glauben sie so fort, daß ihnen ein dicker und schwerer Geist auf den Leibe liege, und ihnen ein lamento mache. Die alten Jüdischen Aertzte brauchten gleichfals diese abgekürtzte Art zu philosophiren. Wenn einem das Hertze wehe that, so saß der Geist *Levavi* oder *Cardiacus* drinnen, und muste alsdenn ausgetrieben werden. Und auf gleiche Weise urtheilten sie von den übrigen Kranckheiten.

§. XXXII.

Ich bedaure die guten Leute, deren Cörper ausgegraben, und zur Asche verbrannt worden sind. Sollte der Teufel etwa sonst nichts würcken können, als wenn er gantze todten Cörper, darinn annoch Bluht ist, in den nächsten Gräbern hat? Sollte das Bild eines Verstorbenen der Phantasey eines Krancken nicht mehr vorkommen können, ohngeachtet der Verstorbene in Puder verwandelt und zerstäubet worden? Es fällt mir bey, daß D. Arminius Lohenstein in Hildesheim geprediget haben solle, welcher gestalt die Teufels mit den Schweinen der Gergesener ersofsen seyn. Wenn die Vertilgung der Schweine mit der Vertilgung der darein gefahrnen bösen Geister verknüpfet gewesen wäre, so könnte man der Gewohnheit der Heyducken einigen Schein geben. Allein es müsten grobe Geister seyn, die sich ersäufen oder verbrennen lassen. Jedoch ich mercke, daß das Hertz eines Vampirs, wodurch ein Pfahl geschlagen worden, einen Thon oder Geächze von sich gegeben. Aber wie mancher Thon wird von den menschlichen Cörpern hervorgebracht, den der Satan nicht würcket? Das Hertz hat seine Kammern und Höhlen, aus welcher die zusammengedrückte Luft heraus gefahren, und die äussere Luft mit Gewalt getrennet, da der Pfahl die Höhlen in der Geschwindigkeit zusammen getrieben hat. Ich erinnere mich, daß vor einigen Jahren das Haupt einer Ubelthäterinn auf einen hohen Pfahl gehoben, und ein dicker Nagel von oben herdurch getrieben sey, da dann zugleich sich der Mund öfnete und ein Thon heraus gieng, ohngeachtet der Rumpf längst herunter gesäbelt war. Weil aber die Heyducken geglaubet, der Vampir habe bis dahin noch einige Lebens-Würckungen verrichtet, so haben sie so fort das Geächze oder den undeutlichen Thon zu Hülfe genommen, um dadurch ihren Wahn völlig zu bestärcken.

§. XXXIII.

Allein, wie wollen wir denn mit den flüßigen und klahren Bluhte zu rechte kommen, so sich in den Cörpern gefunden? Wie stehets um die neuen Nägel an den Füssen und Händen? Dis ist vollend die Sache, zu deren Auflösung ein gutes Vorspan gehöret. Allein wir erinnern uns, daß die in der Seuche gestorbene Menschen in solchen Umständen der Kranckheit gestanden, dadurch die Othemholung beklemmet, die Ausdünstung verschlossen und die Schweißgänge verriegelt worden. Bey so bestalten Sachen ist das Bluht in stasi geblieben, und in der Erde durch die gemählige Wärme nach und nach wiederum flüßiger worden; jedoch mit einer extravasation, dergleichen bey starcken stasibus sich einfindet. Durch die almählige Erwärmung des in Beklemmung gestandenen Bluhts, insonderheit aus dem Eintritt der lymphae in die Häute, und in die darinn zerstreueten Wurtzeln, sind Haare gewachsen, wie an dem Peckel-Fleische von Schweinen etwa geschiehet: und auf gleiche Weise sind neue Nägel hervorgeschoben, so aber ohne Zweifel sehr zart gewesen. Bey der Todes-Wandlung sind freylich die alten Nägel abständig, und abgelöset, worden. Es giebt Würckungen des Leibes, wozu die Seele nichts beyträgt, sonst würden die unbärtigen Männer durch den Befehl ihrer Seele ihnen bald einen ansehnlichen Bart zeugen. Man müste auch sonst einen Unterschied unter den Mohren-Seelen, und unter den Lappen- und Finnen-Seelen machen, wegen der verschiedenen Leibes-Beschaffenheiten. Wie würde man so dann von dem einigen Adam alle Menschen ableiten können? Daß eine kleine Menge Bluhts durch den vermehrern elaterem, den man von einer mäßigen Wärme ohne anstossende äusserliche Luft hinnehmen muß, sich ausbreiten müsse, ist dem Laufe der Natur (a) mehr als zu gemäß.

§. XXXIV.

Daß aber einige Cörper, so bey den so genannten Vampirs gelegen, schon verweset befunden worden, zeigt weiter nichts an, als daß dieselben bey eröfneten Schweis-Löchern in ordentlichen Umständen des Todes verblichen. Cessante caussa, cessat effectus.

§. XXXV.

Es wäre demnach zu wünschen, daß man ins künftige genauere Nachricht von den Vampirs einzöge, den Zustand der Seuchen und Kranckheiten deutlich beschriebe, die Cörper wohl beschauete, ehe sie begraben werden, und insonderheit die ausgegrabenen Cörper an die freye Luft stellete und alsdenn wahrnähme, was sich mit ihnen zutrüge. Zu mehrer Sicherheit sollte sich niemand mit dem Bluhte der Vampirs bestreichen, von keinem angestecktem Viehe essen, vielweniger sich an das überflüßige Opium und die Mehrleins von den Vampirs gewöhnen. Denn so bald man den Uhr-

(a) CHRISTIAN WOLF in nützlichen Versuchen zur Erkänntnis der Natur und Kunst. P. I. c. 5. §. 146. p. 387. sqq. & c. 8. §. 211. p. 567. P. II. c. 8. §. 106. p. 293. sqq.

Uhrsprung der Seuche erfahren, würde sich leichtlich die rechte Gegen-Veranstaltung zu Wercke richten lassen. Man kann auch nicht läugnen, daß die gantze Untersuchung der Vampirs in Servien allzuleichtgläubig und unzulänglich angestellet sey. Man solte einen frisch Verstorbenen und an der Stickung verblichenen Cörper genau aufgeschnitten, und die Uhrsachen der Verderbnissen der Theile des Leibes deutlich beschrieben haben. Daraus würde man die Uhrsachen der Kranckheit erkundiget haben, sonderlich wenn eine genaue Untersuchung vorhergegangen wäre, unter welchen Umständen sich das Übel angesponnen habe und fortgepflantzet sey. Dieses würde zu der Erhaltung vieler Menschen dienen, welche dem Vaterlande annoch nützlich seyn können. Es wäre auch annoch die Frage, ob dergleichen Cörper, so man Vampirs nennet, vor der Begräbnis alle wircklich verstorben gewesen. Denn es giebet die Erfahrung, daß bey solcher Seuche, so die Athemholung einschliesset, viele Persohnen, in dem Mittelstande zwischen dem Tode und dem Leben, zu Grabe gebracht worden seyn.

§. XXXVI.

Ich sehe schon längst voraus, daß diese meine beygebrachte philosophische Erklärung nicht einem jedem gefallen werde. Einige werden sich lieber mit der Würckung der bösen Geister, die in den verscharreten Cörpern das Blut aufbehalten, und ein neues hinzugebracht haben, herauswickeln.

cheln. Es ist wahr, man kan auf solche Weise bald fertig werden. Wenn sich eine Finsterniß an den Sternen oder vor der Sonne eräuget, kan man nur vorgeben, daß ein schwartzer und mißgünstiger Geist davor liege. CONRAD DIPPEL könnte sagen, daß die Seelen, so baldigst in die Sonne und andere helle Himmels-Cörper nach geschehener Ausreinigung, von den bösen Geistern noch einmahl in einen Klumpen getrieben würden, und also diejenige Finsternis, welche wir der Sonne beyzumessen pflegen, veruhrsacheten. Mir deucht, daß wir die Geister auf die philosophische Schau-Bühne ohne Noht und Erforderung der Umstände nicht führen sollen, allermassen sie unserer sonst spotten mögten. Sind auch die geringsten Spuren vorhanden, daß die angesteckte und beklemmte Persohnen eine Verminderung und Aussaugung ihres Bluhts, so von einem Geiste geschehen wäre, gehöriger Weise empfunden hätten? Haben auch die um die Krancken stehende Persohnen gesehen, daß von den Patienten Bluht weggesogen sey? Warum nimt denn der Satan das vergossene Bluht nicht auch sonst zu sich? Er braucht solches gewislich weder zum essen noch zum trincken. Vielleicht will er sich darin abkühlen, weil er dürre Oerter suchet und solche nicht findet? Aber warum bringt er denn dieserwegen das Bluht in die todten Cörper? Die Jüden, welche vielfältige Mehrlein von den Würckungen der Geister bey den Verstorbenen vorbringen, geben vor, (a) daß der Engel

(a) *IOANNES BUXTORFIUS* in *Synag. Iudaic.* c. XXXVI. p. 509.

gel des Todes über das Grab des Verstorbenen sich niedersetze, und alsdenn die Seele in den Leib zurückfahre und denselbigen aufrichte. Ferner soll dieser Engel mit einer theils kalten, theils heissen Kette den aufgerichteten Cörper zwey derbe Schläge geben, durch deren ersten die Glieder auseinander fallen, durch den andern alle Gliedleins sich zerstreuen. Wo nicht etwa diese Begebenheit dem Jüdischen Volcke allein angehet; so kan man sicherlich glauben, daß durch die aufgegrabenen Vampirs dieses gantze Mährlein zu Boden geworffen sey. M. *PHILIPPUS ROHR* hat im Jahr 1679. eine philosophische Untersuchung von dem Schmacken und Fressen der Todten in den Gräbern gehalten, (b) und mit einigen Exempeln dargethan, daß der Hencker die schmackenden habe wiederum ausgegraben, und befunden, daß sie den Schleyer, damit ihnen das Haupt verbunden gewesen, halb hinein gegessen gehabt, so ihnen wiederum bluhtig (c) aus dem Halse gezogen worden. Der Herr Rohr suchs zu behaupten, daß einige böse Geister, welche sich gern in den Gräbern aufhalten, solche Wercke ausübeten. Allein wer hat es deutlich dargethan, daß dergleichen fressende Todten, dergleichen es nur zu Pest-Zeiten giebet, nicht begraben worden, ehe sie würcklich todt gewesen? Zu Pest-Zeiten sind aller Leute Gedancken mit dem Tode und den

(b) De *Masticatione mortuorum* Lipsiae 1679. 4.

(c) *GEORG. PHILIPP. HARSDORFER* in *Jämmerlichen Mord-Geschichten* ad a. 1345. (ex Hegecii Chronico Bohem. c. 115.) p. 406.

Historgens, so an jedem Orte den Kindern eingepräget werden, beschäfftiget. Dannenhero verfällt man so fort auf ausserordentliche Begebenheiten, so bald man etwas höret oder siehet, davon die Uhrsache sich nicht von einem jeden erfinden lässt, nach der üblichen Gewohnheit der Huren, welche sich alle damit entschuldigen, daß sie nicht wissen, wie sie zum Kinde gekommen, wo nicht der Teufel in ihrem Leibe sein Spiel gehabt. Am meisten ist es zu bedauren, daß man dergleichen jämmerliche Mord-Geschichte aus allerley Fratzenmeisters und aus dem Hörensagen zusammen getragen, und sich kein einziges Exempel findet, welches sich auf eine gründliche Untersuchung und Besichtigung geübter Natur-Kündiger beziehet.

§. XXXVII.

Daß die Lehre von den Vampirs mit vielen Sünden verknüpft sey, erhellet auch daher, daß ein Weib vorgegeben, wie sie von einem Vampir geschwängert sey, und von ihm ein Kind gebohren habe. Man erkennet hieraus die Früchte eines überall ausgebreitteten Irrthums, und wie heilsahm es sey, daß der Ungrund der gemeinen Frage aufgedecket werde. Denn es ist dem Satan nichts angenehmers, als wenn allerley Schande mit dem Scheine der Geister und unwiedertreiblichen Nothwendigkeit, oder Heiligkeit, bemäntelt wird.

§. XXXVIII.

§. XXXVIII.

Man pfleget zwar sonst den Meynungen der Väter und Vorfahren gern Platz zu lassen, und Gegentheils das neue zu verwerffen. Aber, gleichwie es unnöhtig ist, die Schwachheiten und Irrthümer hoch aufzumutzen, und unsere Vorgänger herdurch zu ziehen: (a) so ist es desto billiger, ohne alle unanständige Bitterkeit die eintzige Wahrheit, so wohl in geistlichen als weltlichen Dingen, aufzusuchen, und zur Ausbreitung derselben alle Gelegenheit gebrauchen. Wiewohl man leichtlich vermuhten kan, daß die Priester in Servien einen nutzbahren Irrthum willig beybehalten werden. Denn es lassen sich keine Sachen besser zum Gewinn anwenden, als diejenigen Dinge, so den Menschen Furcht und Bekümmernis machen, und mit grosser Mühe nach ihrer wahren Beschaffenheit können eingesehen werden. In diese Reiche der Dinge kann man auch den Zustand des Leibes und der Seele, und zwar nach der Beschaffenheit, so beyde nach dem Tode des Leibes haben werden, mit allem Rechte setzen. Der gemeine Mann läst sich gar leicht mit Lügen fangen, und wird daher (b) gar oft wider alle Bil-

(a) *GREGORIUS* M. *Moral.* XXV. c. 22. *VINCENTIUS Lirinensis* in *Commonitorio* I. §. 2. p. 22. ed. Rom. 1731. 8.

(b) Hieher rechnet man billig das Oster-Licht, so bey dem vermeinten Grabe Christi noch itzo zu Jerusalem

Billigkeit, hinters Licht geführet. Diejenigen, so im zehenden und neundten Jahrhundert, um Wallfahrten zu thun, nach Jerusalem über das mittelländische Meer führen, und des Feuer-speyenden Berges Aetna Getöse und seufzenden Thone hörten, fielen auf den Wahn, daß das Loch in dem Aetna aus der Hölle heraufgienge, und die winselnden Stimmen der Verdammten zu Tage brächte. Dieser Meynung fügten sie annoch hinzu, daß die Mönche in den Klöstern, sonderlich die aus der Gesellschaft von Clugni, die Verdammten Seelen durch ihr Gebeht erretten könnten. (c) Ich erinnere mich auch einer Geschichte, so vor einigen Jahren in der Nachbarschafft vorgegangen, und meinem Satze einiges Licht giebt. Es war ein Grab auf dem Kirchhofe zur Seite eingefallen, und blieb davon eine Ritze offen stehen. Darauf thauete der Schnee auf, und das Wasser fiel durch die Ritze hinab mit einem Thone, der dem Winseln eines Kindes sehr ähnlich war. Es war daselbst vor etwa einem Jahre ein Kind begraben. Der Herr Superintendens hörte

salem in vigilia Paschali hervorgebracht wird. *MAUNDRELL* p. 97. sqq. *ALBERICUS* in *Chronico* P. II. ad a. 970. p. 18. ed. Leibn. 1699. 4.

(c) *ALBERICUS* l. c. P. II. ad a. 997. p. 36. *IDEM* ad a. 1023. p. 55. *SIGEBERTUS* Gemblacensis ad a. 998. p. 824. sq. Es ist demnach wahr, daß man ehedem in der Abendländischen Kirche geglaubet hat, daß die Verdammten aus der Hölle können erlöset werden. Es hatte dieses zwar nicht gehörig bewiesen, aber doch erinnert, G. G. *LEIBNITIUS* in *Theodic.* P. III. §. 272. p. 558. sqq.

te den Thon des Nachts von ferne an, und stellete seiner Gemeine des folgenden Sonntags vor, daß die Todten in den Gräbern winselten, und die Welt bald untergehen müste. Hierauf gründete sich ferner eine heftige Warnung, um von Sünden abzustehen, und dadurch die Todten in den Gräbern nicht mehr zu beunruhigen.

§. XXXIX.

Als ich einigen meine Gründe vorgelesen, welche mich zu überreden scheinen, daß die eigentlichen Vampirs nach dem Sinne der Servier nichts als Undinge und Hirn-Gespinste seyn; so wurde mir sonderlich die Erfahrung entgegen gesetzt, als der Grund aller unser äusserlichen und innerlichen Empfindungen, und alles dessen, was ferner aus diesen geschlossen wird. Es ist demnach annoch übrig, daß ich die Regeln der Erfahrungen, so in den Sachen gegründet sind, erklähre, und auf die gegenwärtige Abhandlung ziehe.

§. XL.

Es ist 1) eine ausgemachte Sache, daß diejenige Sache, so an sich unmöglich ist, oder auch in gewissen und bestimmten Fällen keinen Platz finden kan, durch die Erfahrung nicht empfunden werde. Zum Exempel: Es ist unmöglich, daß ein Cörper zugleich im Grabe liege, und zu gleicher Zeit herumgehe. Es ist unmöglich, daß eine abgeschiedene Seele, so zum Himmel

mel oder zum bestimmten Orte der Marter gegangen, annoch auf Erden herumgehe und Bluht sauge. Es schickt sich zu der gewöhnlichen Art der Begebenheiten auf den Erdboden nicht, daß der Satan zu seinem Vergnügen frisches und flüßiges Bluht in den todten Cörpern erhalte. Denn er heist ein unreiner und unsauberer Geist, der wegen dieser Benennung mehr Freude an der Fäulnis und dem Wüste, als an der Unverweslichkeit und Erhaltung der Cörper, hat. Wir sehen auch nicht, daß das Bluht der Pferde und anderer Thiere, wenn sie abgestochen werden, von der Stätte weggeholet werde. Wenn der Satan wegen der nöhtigen Abkühlung erst auf angesteckte Servische Cörper warten sollte, würde er mit seinen feurigen Gesellen längst crepirt seyn. Vielleicht ist dieses dem Herrn Prediger zu Hildesheim (d) in den Sinn gekommen, der die Gemeine beredet, als ob alle Teufel mit den Schwei-

nen

(d) Dieser wollte auch beweisen, daß die Evangelische Priesters Sünden vergeben könnten, und zwar also: In Amsterdam, sprach er, wohnte ein Seiffensieder, der seine Seife allein hoch achtete, und über seine Hausthür schreiben ließ:

Alexander der grosse Held,
Hier ist die schönste Seiffe von der Welt.

Sein Nachbar, so von gleicher Handthierung war, konnte dieses nicht ertragen, und ließ über seine Thür setzen:

Behüte GOtt in Gnaden,
Hier wird gute Seife gesaden.

Der Seifensieder, so dieses aus der Predigt hörte, schickte einen Wurm-Schneider an den Herrn Magister.

von der Vergessenen erhoffen wären. Der Uhrsprung der Meynung, daß die bösen Geister die Ausdünstungen des Bluhts lieben, haben wir oben schon beygebracht, und, weil derselbe erdichtet ist, fällt dasjenige auch weg, was darauf gebauet ist.

§. XLI.

Es ist 2) auch nicht erlaubt, sich auf eine Erfahrung zu beruffen, welche ein Wunderwerck zum Grunde setzt, wenn entweder die Begebenheit zur Befestigung der Göttlichen Wahrheit und sonderbahrer Providentz über die Gläubigen nichts beyträgt, oder die wahrgenommene Sache den göttlichen Eigenschaften wiederspricht und dennoch die Kräfte der erschaffenen Geister übersteiget. Die höchsten Wunder-Wercke sind dem grösten GOtte allein zuzueignen, weil sie eine Aufhebung des Laufs der Natur, welchen GOtt so wohl allmächtiglich als auch weislich geordnet hat, voraussetzen. Denn wer kann den gantzen Lauf der Natur oder dessen wesentliche Theile aufheben? Es ist dazu eine Allmacht nöhtig, welche niemand als GOtt besitzt. Gesetzt auch, daß dazu nicht durchgehends eine Allmacht erfordert würde, so würde sich doch GOtt von seiner höchsten und vollkommensten Absicht, welche er seinen Wercken, so er in dem Laufe der Natur geordnet hat, vorgesteckt, nicht abtreiben lassen. Denn wenn wollten wir sagen, daß GOtt seine Absicht nicht erhalten könne, oder nicht erhalten wolle?

Das

Das erste wäre ein Zeichen einer Schwachheit; das andere wäre ein Merckmahl der hindangesetzten Weisheit und Güte. Aus dieser Uhrsache hat GOTT der HERR diejenige Wahrheit, durch welche wir in ihm glückseelig werden können, mit den höchsten Wunder-Wercken bestätigt, und mit denselben, als mit einem lautbahren creditiv, die Bohten, so diese Wahrheit zuerst verkündigt oder aus der Finsternis wiederum auf den Leuchter gesetzet haben, kräftiglich versehen. Insgemein sind diese Bohten mit ausnehmender Heiligkeit ausgerüstet gewesen, damit die Menschen desto weniger an der Persohn, so den Vortrag gethan, ein Aergernis nehmen mögten. Zuweilen aber ist auch bösen Menschen dieses creditiv auf gewisse Zeit gegeben, Matth. VII. 22. XII. 27. 1. Cor. XIII. 1. 2. damit man nicht so wohl auf den Bohten, als lediglich auf den Willen des Ober-Herrn, zu sehen hätte. Die meisten Lebens-Beschreibungen der Heiligen, ausser den biblischen, sind mir verdächtig, weil sie mit Wunder-Wercken erfüllet sind, wo man keinen wichtigen Grund dazu antreffen kann. Man könnte daher eine fügliche Abhandlung aufsetzen, so den Nahmen der falsch-berühmten und geistlosen Windmacherey führen müste. Jedennoch gebe ich auch zu, daß es auch Englische Wunder-Wercke gebe, welche von den Kräften der erschaffenen Geister herrühren. Die Erscheinung der guten Engel rechne ich hieher, die Abweltzung des Steins von dem Grabe Christi, die Erschlagung des Hoffärtigen Herodis, Act. XII. u. s. f. Die Wunder-Wercke der guten

ten Engel dienen zur Anzeigung der göttlichen Providentz, sonderlich gegen die Frommen. Die Wunder-Wercke der bösen Geister sind vermuthlich von geringern Kräften, und haben die Verführung und Plagung der im Guten noch nicht befestigten Menschen zu ihrem Endzweck. Allein man muß die Wunder-Wercke GOttes den bösen Geistern nicht zuschreiben, wie einige thun, welche dem Satan die Gewalt über den Circul des beweglichen Geblühts der Menschen, die Gewalt über Tod und Leben, die Gabe der Sprachen und Gesundmachung, die Kraft der Verwandelung der Menschen in Thiere, und so ferner, beymessen. Es ist kein zulänglicher Grund bishero beygebracht worden, warum GOtt durch ein Wunderwerck den einen Menschen abgewürget, und dessen Bluht in eines andern todten Leichnahm und ins Grab überbracht habe. Den Würckungen der guten Engel mag man dergleichen Bluhtsaugungen nicht zumuthen. Die bösen Engel aber dürfen sich an das Leben der Menschen nicht wagen, weil solches in ihrer Gewalt nicht stehet. Die Todten mag auch der Satan nicht in der Unverweßlichkeit erhalten, weil dieses, wie wir aus der Historie von der Auferstehung Christi wissen, zu den höchsten Wunder-Wercken GOttes gehöret.

§. XLII.

Eine jede Erfahrung 3) muß den rechten Gebrauch aller zur Empfindung gehörigen Sinnen zum Grunde setzen. Wenn die Gliedmassen der

Sin-

Sinnen in unrichtiger disposition sind, wenn die verdorbene Einbildung die Meisterinn der Erfahrung ist, wenn der gewissere Sinn dem ungewissern widerstrebet, wenn das Urtheil des Verstandes mit der Empfindung der Sinnen vermenget wird; so kan man sich keiner richtigen Wahrnehmung rühmen. Einer, der mit dem Fieber behaftet ist, schreibt den süssen Sachen einen bittern Geschmack zu. Ein gelbsüchtiger siehet weisse Sachen für gelb an. Ein hypochondriacus und visionarius hört GOttes Stimme in sich, er siehet die Engel, er beschauet den Himmel und die becrönten Kinder darinnen, er nimmt tausend Dinge wahr, so der Vernunft und dem Worte GOttes entgegen sind, und schweret auf die Gewisheit derselben, falls er die Eid-Schwüre nicht verabscheuet. Ein Knabe in Schweden, dessen Aug-Apfel durch einen hereingeworffenen Schnee-Ball verletzet war, nahm durch die Augen alles doppelt wahr, welches ihm durchs Gefühl nur einfach vorkam. Bey der Beschauung der Nord-Lichter wollen einige das Gerassel der Reuters und der Degens, so gar das Schiessen, wahrgenommen haben, weil sie nemlich geurtheilet, daß dadurch Krieg angezeiget würde. Im gegenwärtigen Falle haben die angesteckten, vermöge der hergebrachten Historien, geurtheilet, daß ihnen jemand das Bluht absöge. Allein wen haben die Umstehenden gesehen, der solches verrichtet hätte? Aus welchen Gefässen und aus welchen Löchern ist das Bluht abgezapfet? Wer hat es heraus fliessend gesehen? Wer hat es mit dem Berühren der

Hän-

Hände wahrgenommen? Wer hat jemanden aus dem Grabe heraufsteigen gesehen? Wer hat den Bluhtsauger nach allen Umständen betrachtet und examinirt? Es lauft alles auf ein hergebrachtes Mehrlein und die verdorbene Einbildung der Angefochtenen hinaus.

§. XLIII.

Ferner ist 4) von solchen Erfahrungen nichts zu halten, welche den gewissen und deutlichen Wahrheiten, so aus dem Lichte der Vernunft und Offenbahrung zu Tage liegen, wiedersprechen. Denn dis ist ein untrieglicher Satz, daß eine Wahrheit der andern nicht entgegen stehe. Denn sie sind eines Uhrsprungs, nemlich des göttlichen, der die Ordnung der Dinge, welche den Grund der Wahrheit ausmachet, festgestellet und dem Verstande die Kraft vernünftig zu werden eingepflanzet hat. GOtt selbst ist der Inbegrif aller Wahrheiten, und dennoch wiederspricht sich nichts in ihm. Wie können denn die Funcken, welche daher ihren Uhrsprung nehmen, einander entgegen seyn und sich selbst verdunckeln? (*) Benimmt auch ein Licht dem andern alle Klahrheit? Wird nicht vielmehr die Helligkeit oder Lichtstrahlung dadurch grösser? Nun aber sagt und lehrt das in Buchstaben ausgedrückte Wort GOttes, daß der Geist zu GOtt gehe so fort im Tode, und der Leib der Verwesung nach und nach

(*) I. G. WALCHIUS in *Diatriba de Litteris humanioribus*, quae est suffixa libro, quem inscripsit *Historia critica latinae linguae*, cap. I. §. X. p. 833.

theilhafftig werde. Die Vernunft lehrt, daß die verstorbene und im Grabe verscharrete Leichnahme nicht herum wandern, wie auch, daß die zur Verwesung geschickte Cörper in der freyen Lufft geschwinde Fäulnis annehmen. Die heilige Schrift lehrt, daß der Satan durch die unrichtige Phantasie in das Gemühte und den Leib des Menschen würcke. Was ist aber in einem todten Leichnahm noch übrig von Phantasie? Wir wollen aber freygebig seyn, und solches vor die lange Weile zugeben. Aber es wird auch so dann noch nicht folgen, daß solche Phantasie habe in distans würcken können. Gewiß, wo die Phantasie der Menschen dieses vermögte, so würde keiner sein Geld in Kuffer behalten können?

§. XLIV.

Es giebt sonst eine gute Anzahl lebendiger Vampirs in allen Ständen, für welche man sich am meisten zu hüten hat. Denn sie ziehen Guht, Muht und Bluht, entweder mit offenbahrer Gewalt, (a) oder unter den Schein des Rechten an sich. Wenn die Welt von diesen Spitzbuben könnte gereinigt werden, stünde es viel besser um das menschliche Geschlechte. Wohl dem, wer seinen Bissen mit Recht besitzet und in der Furcht des HErrn geniesst? O elende Vampirs, welche den Nechsten würgen, peinigen, martern, und um das Seinige helfen. Sie müssen ausspeyen, was sie verschlungen haben, und ihre Erben behal-

(a) Besiehe D. BRUECKMANNS Floh-Falle, worinn eine gemeine Art von Vampirs beschrieben wird.

hatten nichts davon in den Händen. Ein Musicante sahe sein Haus brennen, so er bey dem Misbrauch der Nahrung des Leibes zusammen geschunden hatte. Er nahm seine Fiddel und setzte sich gegen über, und sang dazu diese Worte:

Wie du kommst, so gehest du!

Jedermann bekennet dieses, und dennoch liegt die gantze Welt an unreiner und gietiger Habe-Lust kranck. Hiob. XXIV. 24. **Sie sind eine kleine Zeit erhaben, und werden zu nichte, und untergedruckt, und gantz und gar ausgetilget werden.** Conf. CXX. 15-27.

§. XLV.

Ich bilde mir fast ein, daß diese meine Abhandlung von einigen mit ungütigen Augen werde angesehen werden. Allein ich bitte zu überlegen, daß ich andern nichts vorgeschrieben, sondern einem jedem seine Freyheit zu dencken ungekränckt gelassen habe. Ich habe aber einen Beruf zu diesem Aufsatze gehabt, nicht allein weil meine mir anvertraute Zuhörer zum theil sich mit leeren Wörtern und Regeln der Sprachen nicht wollen abspeisen lassen, sondern über die in den Zeitungen gelesene Sachen, so etwas mehr bedeuten, meine Erklährung begehren; sondern auch vornemlich weil eine hohe Persohn, von deren Gnade und Befehlen ich abhange, mir ausdrücklich auferlegt, meine Gedancken von den Vampirs zu Papier zu bringen. Ferner bin ich in meinen Gewissen zur Bekänntnis der Wahrheit, so fern dieselbe von mir durch meine Ober-Herrn vermittelst eines doppelten Eydes vor zwölf

Jahren gefordert worden, bis ins Grab verbunden. Ich überlasse die Beschaffenheit und den Seelen-Zustand eines jeden Scribentens dem Gerichte Gottes anheimgestellet, welcher eines jeden Absicht, Einsicht, Kräfte und verliehene Gaben, nebst den anklebenden Schwachheiten, gründlichst erkennet und richten wird. Wenn ich die Meynungen einiger Persohnen verabscheuet habe, so habe ich mich lediglich an die Sache selbst gehalten. Die Nahmen derer, so in ihren Meynungen Fehl-Tritte begangen, habe zuweilen verheelet, um nur die Persohnen gleiches Standes gegen gemeine Irrthümer oder besondere Schwachheiten nach meiner geringen Erkänntnis zu verwahren. Bey den Geschichten kommt es auf die Glaubwürdigkeit der erzehlenden an, welche in allen Stücken nicht rechtfertigen will. Von den **Welt- und Astral-Geiste** habe handeln müssen, weil die Geschichte von den Vampirs einige daraus zu erklähren versuchet haben. Wie habe ich hiebey anderst verfahren können, als daß ich den Ungrund ungereimter Meynungen und den Uhrsprung, auch Fortgang derselben, angezeiget habe? Ich halte mich lediglich an eine gewisse Erfahrung, an die Regeln und Gründe einer geübten Vernunft und an den richtigen Wort-Verstand des Göttlichen Worts. Zum wenigsten ist dieses meine Absicht gewesen. In der Haupt-Sache habe über einen ziemlichen Grad der Wahrscheinlichkeit nicht gelangen können, indem ich die Regeln, so bey den willkührlichen Sätzen oder hypothesibus vorkommen, in acht genommen, wenigstens zur Anwendung derselben geneigt gewesen bin.

Daß

Daß aber aus willkührlichen Sätzen auch Wahrheiten erfolgen können, zeigen die Zeichen der Rechen- und Messe-Kunst an, welche grossen theils willkührlich sind. In denjenigen Sachen, so zufällig sind, und auf der Möglichkeit des Gegentheils beruhen, nimmt man alle Umstände zusammen, und vergleichet dieselbe mit einem willkührlichen Satze. Wenn alle Umstände passen, und der angenommene Satz so wohl möglich als andern erkannten Haupt-Wahrheiten gemäß ist; so hat man der Sache ein Genügen gethan, und muß es dem Erfolge der Zeit überlassen, ob mehrere Umstände bekannt werden sollen. Wenn die Umstände, so von neuen zu den bekannten hinzukommen, sich nicht reimen mit dem willkührlichen Satze derer, welchen so viele Umstände nicht bekannt gewesen, so haben die Nachkommen Ursache, den willkührlichen Satz zu verbessern oder mit einem neuen zu vertauschen. Die Sternseher-Wissenschaft giebt uns in diesem Stücke die deutlichsten Exempel. (a) Es gefällt mir die Meynung derjenigen nicht, welche die Wahrheit nach der Beschaffenheit und dem Seelen-Zustande der Menschen abmessen. Auch die Gottlosen können Wahrheiten vortragen; wie sich gegentheils auch Exempel finden, daß fromme Leute geirret haben, so bald sie das Licht der Vernunft und der geoffenbahrten Wahrheit verlassen haben. Ich räume gern ein, daß ein Unterscheid sey unter der Wahrheit, so fern dieselbe sich auf die Ordnung der Dinge an sich gründet, und nur

(a) Videatur *SCHLOSSERI* pl. rev. *Diss.* de *Vsu hypothesium philosophicarum*.

von dem Verstande ohne Absicht auf die Besserung der Seelen ergriffen wird: und unter derjenigen Wahrheit, welche zu der Ruhe und Seeligkeit der Seelen angeleget wird, und durch diese Absicht thätig zu werden beginnet. In dem ersten Falle findet eine illuminatio obiectiva & incidens in intellectum statt, welche aber weder wärmet noch lebendig macht. In dem andern Falle findet sich eine Erleuchtung, welche ich subiectivam & animi emendatricem totius nenne, weil sie nicht allein den Verstand anscheinet und durch auswärtige Gründe, die in Sätzen bestehen, überführet, wie die illuminatio obiectiva, sondern auch erwärmet und die Seele in die Würckung, welche der göttlichen Seeligkeit gemäß ist, setzet, auch durch die innerliche Erfahrung überführet. Die andere Art wirfft die erste nicht über den Hauffen, sondern setzt sie zum Grunde. Die erste Art gehet auf alle Wahrheiten, welche den Verstand rühren können; Die andere Art gehet nur auf solche Wahrheiten, welche etwas zur Seeligkeit der Seelen beytragen. Es ist aber nicht eines jeden Sache, den Zusammenhang der Wahrheiten mit die Glückseeligkeit einzusehen. Es komt darauf an, daß man sein Augenmerck dahin richte, damit man so viel Sachen gehörig erkennen möge, als zur Erkäntnis und Erreichung der Glückseeligkeit nöthig und zuträglich sind. Es giebt haushälterische Gemühter so alles zu nutzen wissen. Es sind aber viele Persohnen, so auch die nützlichsten Dinge verwerffen, weil sie die Umstände der Welt und der Gemühter nicht erkennen, worin man dieselbe anwenden kan. Einige Dinge dienen lediglich zur Erfrischung in zeitlichen und zulässigen Umständen. Andere dienen nur zur Ausübung des Verstandes, welche allerdings zu einer wohleingerichteten Seele erfordert wird. Andere dienen zur Ausmertzung der Irrthümer und Erdichtungen, welche gewislich allemahl unnützlich, wo nicht schädlich, sind. Denn man muß nicht allein die nutzbahren Wahrheiten befestigen und aufbauen, sondern auch den im Wege liegenden Schutt abfahren. Es kan jedermann ohne diese Abhandelung von den Vampirs glückseelig seyn. Man kan aber dieselbe auch nützen, wenn man erweget, daß die Erkänntnis der Begebenheiten, welche GOTT über das menschliche Geschlecht kommen läst, alzeit nutzbar sind. Es giebt diese Abhandelung Gelegenheit zur Untersuchung der Kräfte verdorbener Einbildung, und zu eines jeden eigener Prüfung an sich selbst. Es erhellen hieraus die Betriegereyen und mittelbahren Würckungen des Satans. Man erkennet anbey viele verführische Irrthümer, wodurch die Menschen ihren Nutzen, ihre Narren- und Hochmuhts-Kappe, und ihr Ansehen unterstützen. Man nimmt Gelegenheit, die Kranckheiten zu forschen, welche die Schweis-Löcher verstopfen und die Luft-Röhre zuziehen. Es können annoch andere Anwendungen hiebey gemacht werden. Ich halte nichts von der Wahrheit, welche der Besserung des Menschen entgegen stehet. Es sey mir aber auch erlaubt, daß ich keine thätige Wahrheit begreiffen könne, welche nicht auf die Wahrheit, in dem ersten Verstande genommen, gegründet ist. Denn eines widerspricht dem andern nicht, sondern die andere ist nur eine Anwendung der ersten. Ich weiß zwar wol, daß der Herr Jacob Friderich Reimmann, (b) wie auch die Fanatici, das Gegentheil lehren. Aber ich glaube immer, daß solche Leute entweder selbst nicht wissen, was sie wollen, oder daß sie richtigere Gedancken als Ausdrückungen haben.

(b) Hin und her in seiner *Introductione ad historiam literariam Germaniae*, welche ohngeachtet einiger Flecken, dennoch eine Sonne genennet werden kann.

Addenda et emendanda

AD p. 17. D. Stock hat eine eigne *Dissertation* von den Vampirs geschrieben. Der Inhalt stehet in den gründlichen Auszügen aus den neuesten theologischen, philosophischen und philologischen Disp. im I. Stücke a. 1733. Leipzig n. 6. Es ist im verwichenen Jahre auch zum Vorschein gekommen das Gutachten der Kön. Preußischen *Societ*ät der Wissenschaften, wie auch eines andern gelehrten *Medici*, von den *Vampy*rern oder so genanten Bluhtsaugern Leipzig. 8.

Ad p. 69. Es ist eine Geselschaft in Engeland zusammengetreten, um die algemeine Welt-Historie nach und nach aufs genaueste zu beschreiben. Es ist albereits davon nach einer frantzösischen Ubersetzung der erste Theil in Quarto im Haag ans Licht getreten unter dem Titel: Histoire vniverselle. Es stehet zu Anfange eine Einleitung, darin die Meinungen der Weltweisen von der Schöpfung der Welt abgehandelt seyn. Man findet unter denselben verschiedene, so dem Dippel und D. Rüdigern beypflichten. Man besehe p. 39. sqq. Allein die Glieder der Geselschaft beweisen die Schöpfung aus nichts gar gründlich p. 2. sqq. und beziehen sich zum Uberfluß auf das gründliche Buch des D. Samuel Clarck, welches wir auch ins lateinische übersetzet finden, unter dem Titel: Demonstratio exsistentiæ Dei & attributorum eiusdem.

Ad. p. 71. Tuchtfeld meint, daß der Mensch einen Geist und auch eine von jenem unterschiedene

Seele

Seele habe. Die Seele nennet er den Stern-Geist, in der Scheidung des Lichts und der Finsternis p. 3. Nachher nennet er dieselbe auch die natürliche astralische Seele p. 5. Conf. Nürnbergischer Prediger hertzliche Vermahnung p. 46. 47.

Ad. p. 112. Von den Schmertzen und Zufällen der Erstickung handelt aus den Jüdischen Scribenten gar gelehrt I. C. Wagenseil ad *Sotah* p. 126. sqq. 739. Hermannus Wernerus Engelbrecht de Westhoven hat eine Dissertation de *Angina*, in 8. zu Lemgo, a. 1718. herausgegeben, so aus der Artzney Wissenschaft zusammen getragen ist. Eine gäntzliche Anginam in vorgegebenem Falle zu setzen, würde sich nicht gäntzlich zur Sache reimen. Weil die Beklemmung mehr den Krampfzügen, spasmis, als einem andern Ubel ähnlich gewesen. Diese Spasmi sind aus dem verderbten Geblühte und imagination herzuleiten. Diese Verderbung aber aus einer Seuche, welche die Aertzte in Ungarn am sichersten bestimmen können.

Eingeschlichene Druck-Fehler

Pag. 6. lin. 6. ängstich stat ähnlich
8. lin. vlt. Leibach stat Leilach
16. lin. 10. Gichellianer stat Gichtelianer
30. 28. Zeit stat sehr
32. fin. *Busbequius.*
42. lin. 13. communem stat *communem sortem*
46. fin. frachmentum stat *fragmentum*
48. 12. nudata stat *denudata*
52. 6. Leichtfahrt stat Lustfahrt
53. 2. dieselben stat denselben
60. 5. Anfänger stat Anhänger
96. 8. Erbsen Größe stat Erbsen-
große
92. 20. Walckenroder stat Walcken-
rieder
94. 24. mordlichen stat nordlichen
95. 5. Thüre stat Thiere
100. 9. Christlicher stat Geistlicher
121. 18. Reiche stat Reihe

Das übrige wird der geneigte Leser selbst erkennen und leichtlich wahrnehmen.

Kurtzes Register Uber Die merckwürdigsten Dinge.

Da-

Schw[illegible]

Visi-